江绪林

生命的厚度

上海文艺出版社

代序：暗夜微光

文 / 崇明

绪林曾经这样回首自己的经历："我也曾以一种如斯深刻、挚爱和敏感的方式触摸这块苦难的大地和民族。"（《爱之和解》，2000 年 5 月）深刻、挚爱、敏感还有忧郁，在他的书写中涓涓流淌，也是他跟跄前行而猝然离去的生命的底色。一个渴望敞开却又把自己关在生活门外的心灵，承担孤独的重负，用不多的文字告白了自己的脆弱与珍爱、惶惑与思考、挣扎与呐喊。在这些深切浸染了生命体验的表达中，绪林呈现了他的学术思考、公共关怀、信仰探索中一以贯之的关切和追求：正义、自由及其背后的爱和超越。

*

作为学者，绪林向往和努力的是纯粹的学术思考和深沉的生命关怀的融合，然而他显然也不得不面对这两者之间的张力。他主要在政治学、宗教学、哲学这几个领域接受了教育和学术训练，在香港浸会大学博士论文的主题是对罗尔斯的正义理论的批评和修正。后来根据博士论文撰写的《解释和严密化：作为理性选择模型的罗尔斯契约论证》一文发表在《中国社会科学》（2009年第5期）上。在对周保松《自由人的平等政治》一书的评论《正义的康德式诠释》（《开放时代》2011年第4期）以及一篇未最终定稿的《为什么是正义》一文中，他继续着对罗尔斯的正义和自由主义理论的思考。这几篇学院性的学术论文虽然高度专业，但在他从不同角度对罗尔斯的批评中，我们可以看到他对正义和自由问题的严肃思考，也能感受到这些严格的分析性论证所无法满足的心灵探求。

《解释和严密化》一文是对罗尔斯的理性选择理论的缺陷的技术性和逻辑性分析，并指出这些缺陷迫使罗尔斯不得不依靠康德式的先验论为平等的自由原则及其优先性提供辩护。如果仅仅把人理解为进行利益计算和理性选择的个体，则无法推导出罗尔斯的正义原则，而若依据康德的先验论路径确立了个体的自由平等的道德人的身份，正义能够得到辩护。然而在《正义的康德式诠释》一文中，绪林又试图指出罗尔斯和周保松的康德式伦理学的有限性。康德式伦理学所确立的自主性并不能确立古典的自然正当，因此以前者为基础的自由主义就无法充分地在诸多价值和善好之间排序，而由此就沾染上了某种虚无主义色彩。绪林谈到的虚无主义并不否认价值或善好的存在，只是认为没有善恶、对错、好坏、正义与否的客观标准。

这种虚无主义更接近某种以赛亚·伯林谈到的多元主义。显然绪林并不像某些保守主义者那样把自由主义等同于一种取消善恶区分的虚无主义。在一个自由主义、多元主义的社会里，人们如何找到安身立命的终极价值，这是绪林的关切。事

代序：暗夜微光

实上，自由主义中的自由和平等并不仅仅是两个抽象单薄的概念，它们及它们构成的自由主义本身是一种成熟的政治文明。"自由和平等虽然从启蒙以来就居于显赫的位置，却并非独立的或无根的价值，而是常常有其丰厚的文化和思想根源。我们至少可以追溯到古希腊的科学探究和政治实践、罗马共和传统和罗马法、基督教信仰中在上帝面前人人平等的灵性传统、英国的普通法传统、启蒙运动中的人道主义、康德哲学、资本主义、近代科学和技术，等等……有生命力的自由和平等价值总是与更宽广的传统或精神价值结合在一起，而自由和平等更多的时候是这些更深厚宽广的价值体系中最绚丽的花朵或其政治表现。就算是在一个世俗化的观念体系中，自由和平等的价值也能获得其他社会观念的支撑或同构或至少是容忍。"（《生命的厚度》，2012年1月26日）但是，自由主义也可能遗忘这些历史根基，而当这些文明的源泉被普遍权利和规则过滤之后，自由主义就可能"不关切人们在更深的道德和宗教价值上的委身"，或者只是"以一种敬而远之的态度来面对更深刻的道德和宗教价值问题"。这时，自由民主世界"有序又美好、文明又优雅，却不再有热血、超越和牺牲，而且似乎可能遗忘了自己的源头，变得苍老而无力"。（《青春宗教的规训与文明的未来》，2015年1月9日）这是绪林在2015年法国《查理周刊》遭到恐怖袭击后的思考，他敏锐地觉察到，极端的恐怖暴力迫使人们去面对自由和文明本身的脆弱。

对绪林而言，对罗尔斯式的政治哲学以及自由主义的有限性的反思，丝毫不意味着对自由和正义的价值的任何否定。绪林七十年代中期出生于湖北红安乡村，身世可谓凄苦。他的爷爷因为"政治面貌"而被"镇压"，奶奶带着父亲改嫁到后来他出生的村子。在他还年少时双亲就已经去世。他有四个姐姐，有个姐姐死于自杀，另外一个姐姐也似乎是因为意外去世。他的二姐把他艰辛抚养成人。读大学时，他因为没有钱买火车票，常年不回家。他经常受胃痛之苦，这很可能是早年物质和精神的双重压力造成的顽疾。工作后，他把微薄收入中的相当一部分用来帮助姐姐，并把身后的所有都留给了姐姐。然而他也依旧常年不回故乡，却不再是因为缺少川资，而是无力面对家乡的贫困和亲人生活的苦痛。作为常年漂泊的异乡人，他对这块土地上的不幸、不公、不义，既刻骨铭心，也无能为力。对他而言，毋庸置疑的是，正义和自由的社会是让人获得尊严的前提，而为自由和正义的事业献身是一种高尚的信念和人生。

不过，他自己却没有走上这条道路。他并非没有尝试过，然而作为一个贫弱书生，他的介入不过是螳臂当车。他有不少投身公益的朋友，他一直关注他们的努力，并以自己的方式提供支持和帮助。他在求学中逐渐聚焦于对政治的思考，以正义和自由作为研究对象，并非偶然。对于在他看来既能够在学术思考中探究自由人的理念又能在生活和社会中予以身体力行的学者，如周保松，他对其真诚纯粹激赏赞叹。然而，这种自由人理念却不足以成为他自己的支撑，因为它"对我这样相信

代序：暗夜微光

美善之存在，却在自我的疏离与残缺中挣扎和寻求拯救的人来说，也是尚不足以浸蕴心灵的。或许保松君仍需要在智识上摆脱蒙福的处境，触摸在罪错中受难的大地……"（《致保松君》，2010 年 6 月 22 日）在浸透了不幸的土地上，坚持启蒙、自由、正义的事业弥足珍贵，为此奋斗足以成为人生的理想和意义；但是如何在黑暗中坚守，在绝望中希望，在苦难中看护，在罪恶中拯救，却不是自由民主国度的正义观念或自由人的理念本身能够提供充分的答案的。

*

绪林 2009 年结束在香港的学业后到上海任教，进入学术职业生涯，但他不愿向体制化的规训妥协。东方之珠的经历更加让他对周遭的浑沌和虚伪无所适从："在当下这个世界中，充斥的是廉价的友好和利益圈、肉呼呼的叫嚣；缺乏的是真正独立的个体，优美而高尚的灵魂，纯粹而惊醒的爱。我们身边到处都是这样的人：一种平庸的友好已经变成了生存的方式和工具，这种友好基本上不指向美好、对善的敏锐和深刻，却主要是利益的扩张和交往的面具。它虽然本身不意味着恶，却缺乏对恶的遏制能力，甚至使得人在深深地卷入罪恶尤其是制度性罪恶时仍维系着道德人的假象。"对这些浑噩、伪善、庸俗，他只能报以蔑视和斥责：滚。这并非自以为义的傲慢，而是守护生命和人格的呼喊，为了警醒人们不要让良知在麻木中沉沦，不要窒息对美好的事物的渴求。人，应该努力让自己走出平庸，成为"灵魂觉醒、饥渴慕义的、完整的个体"。他也常常会想："人生需要肩负多大的责任啊，甚至大到需要竭尽一切的力量去承担它，否则就不配过真正的、美好的人生。事实上也是如此，世界和社会上充斥着诸多的罪错、邪恶和杀戮，归根结蒂，除了自然和机遇的因素，很大的原因就是许多的人的沉沦——丧失了正义和善、部分地蜕化为低俗自利的动物性存在：因此人们彼此伤害，缺乏节制和美德，不能成就完美的人格，也缺乏能力和智慧去创造或维系正义而合理的公共制度……个体必须自我觉醒自己承担责任，必须自己坚强起来，而不能将自己的生活推诿给他者。"（《滚》，2012年11月18日）

在阴霾中长期生活的人无法体会自由呼吸的清新，在洞穴中习惯于幻影和谎言的人难以适应阳光的炫目和光明。绪林对独立人格和个体责任的召唤，是面对自我的言志，也是对那些和他一样不愿意向沉沦屈膝的人的劝勉。这种内在的心灵激情也把他的学术思考推入了新的方向。除了上面提到的三篇论文，他不再撰写关于罗尔斯正义理论和自由主义的论文。按照通常的学术职业规划，他本可以成为这个领域的代表性学者。事实上，他此后几乎不再撰写正式的、规范性的学术论文，这并非仅仅出于他对学术工作的严格要求。他需要探究自由和正义的文明基础，而更重要的是，他需要智慧和力量，能够在阴霾和洞穴中坚守自我觉醒和个体责任。他需要超越阴霾和洞穴的拯救。

他开始系统研读人类特别是西方文明从古代到现代的经

典和重要的著作，涉猎各个领域：哲学、神学、文学、政治学等等，并且撰写了篇幅惊人的读书笔记，在豆瓣等网络空间分享。这种研读在最后几年内成为他的主要生活方式，"个体仍然可以努力维系个体的尊严，使自己配得上一个正义国度（将到来的或乌托邦式的），做一个好的学者、一个出色的市民、一个有品位的人。就自己而言，也能在书籍中找到自己的乐趣：在自己的能力范围内，理解那些伟大的人物在人类复杂状况中对人类知性、美好生活及其限度、生命意义的探讨并予以汲取和实践，是一件何其美妙的事情"。（《其实我不热衷政治，只是今夜还是很悲伤》，2011年11月22日）

守护心灵，承担责任，则无法不关注政治和现实，并因此无法避免这种关注带来的挫败和悲伤。也正是在这样的处境中，才可能体会到，这些关注和参与并非仅仅为了或许可以实现的改变、可以带来的美好，而是因为本来就有一种美好指引甚至要求人们去进入这种关注和参与，而无论是以什么样的方式，无论成效如何，无论是否暴露了自己的怯懦和妥协——并且最终不会在挫败和妥协中沉沦、逃避、放弃：那些坚强的人们，"他们常常以甘心的行动显明，他们所委身的不仅仅是政治本身，而且是一个逾越政治的领域"（《重回〈理想国〉：逾越政治》，2012年9月20日）。生命的厚度，植根于这个逾越政治的领域当中。

绪林知道，阴霾和洞穴并非仅仅来自外在的污染和强迫，而且内在于个体的灵魂当中，本身就是内在的罪错的结果，并反过来强化它们。黑暗和罪恶并不会因为自由和正义的国度的降临而消失，个体并不必然就能够获得心灵的更新和人生的美好。只不过在阴霾和洞穴中，人们无法等到走出去的那一天才开始生活，因而更为迫切地需要能够解除精神的扭曲、抗拒暗夜的缠绕和救治灵魂的捆绑的泉源与力量。对于绪林这样自幼缺少家庭的温暖、在坎坷世事中艰难跋涉的心灵，对爱的渴望、对信靠的向往无疑一直在生命的深处沉吟和呼唤。他一度走向纯粹的信仰，因为信而敢于挺身而出面对大地之悲剧，并努力让自己残缺却企盼美好的生命在圣洁之爱中获得拯救。对自由和正义的珍视和对超越的敏感，悲悯和拒世的担当，穿透于他的文字的纯粹和神圣感，均源自被信仰浇灌后的领悟和体会。然而，他始终未能真正地在信仰中交托自我的破碎，放下生命的重担。他曾错失纯真美好的爱情。在骄傲和自卑中摇摆，执着于纯粹和完美，难以接纳因为过错或者误会而造成的缺憾和挫败，生活的其他可能性的诱惑，缺乏信心承担生活的日常和责任，这一切终究让他与爱情擦肩而过，踟蹰于生活之外。他对自己信与爱、对所遭遇的犹疑和困顿予以毫不留情地审视和内省，终究陷于孤独忧郁而走向自我毁灭。

在求学时的信仰探索中，他已经看透了自己灵魂的病症：

"在这个技术和制度的时代中,没有保障的纯粹的激情质量对个体无疑是一种巨大的灾难——并借此寻求摆脱无力感的途径。这种种倾向和努力表现出我并没有走上单纯的信靠之路,而是跌跌撞撞地在神圣拯救和世俗搏斗之中挣扎着,人格被分裂开来:一方面知道和渴慕着神圣,一方面按照人的天然准则来寻求自我的实现,恩典谴责着自然,自然却诱惑着心灵。"(《非彻底之自我澄清》,2001年4月27日—5月1日)然而在面对生命的"令人恐惧的深渊"时,他也知道:"出路似乎在于保有对超越的希望的同时,把自己的生活安排在责任之中,责任并非最好的,但是却能避免最坏的,并且似乎责任本身有可能塑造一种稳定的品格,尤其是并不放弃对超越的最终信靠的时候,也能是一种恒定的正当。"(《非彻底之自我澄清》)然而终究他没有在责任中安顿,也没能获得那种"恒定的正当"。十余年后,他依然坦诚自己的软弱和困境:"别道我孤灯默守,只一瞥就揭示了内心的沉迷。就像两手空空的沦丧的乞丐,无论是神圣的赐福还是魔鬼的诱惑,我都会接受。知道永恒,却随时准备让自己迷失在温柔之乡,只是如今却在地狱门外哭泣。这就是我的忧伤。"(《未曾虔信》,2013年11月30日)

绪林终究没有能够在信靠、祈求和坚守中把对自由、正义、爱和超越的追求,转化为对生命中的破碎与美好的承担,这是他的悲剧。然而绪林的生命,尽管有其残缺、罪欠,但的确也有恩典和救赎。他虽出身贫寒、孤苦无依,却没有在苦难中让良知沉沦窒息。他始终深切地渴望和追求良善、正义和超越，虽然孱弱忧郁，但也勇敢诚实、竭尽全力地在黑夜里点燃一根蜡烛。即便摇曳消逝，这微光也曾照亮暗夜。他留下的不多的文字是这微光的踪迹。今天中国的知识界，不乏学术的渊博和优雅，也不乏商业性的公共言说和知识启蒙，但思想沉闷精神萎顿，罕见如此直抒胸臆的心灵诉说和公共表达。虽然这些诉说和表达无法完全在这个文集里得到展示，所展示的也不完全，但相信这些不完整的文字已经可以成为一个时代的侧影，一个生命的见证。在尤其缺乏独立人格和自由思想的土地上，绪林的生与死、思考与困惑蕴育着希望的可能。

这个文集主要收录了绪林的学术论文、书评、思想性评论、随笔、译文和部分微博文字。我和绪林的同事邱立波组织众多同学收集整理了绪林在豆瓣、微博等网络空间中留下的大量文字特别是笔记，韩俊先生做了同样的工作。他们的工作让我得以完成这个文集以及他的读书笔记的编选，谨此致谢。

2022 年 3 月 27 日

目录

i 代序：暗夜微光 / 崇明

辑一 正义与自由

003 解释和严密化
——作为理性选择模型的罗尔斯契约论证

037 正义的康德式诠释
——评周保松《自由人的平等政治》

059 为什么是正义？

079 什么是意识形态？

119 捍卫自由

辑二　爱与信

127　重回《理想国》
　　　—— 逾越政治

137　生命的厚度
　　　—— 读《这个世界会好吗》札记

145　致保松君

151　爱与正义
　　　—— 评周保松《走进生命的学问》

161　其实我不热衷政治，只是今夜还是很悲伤

167　小札记四则

　　　滚 / 孤独与爱欲 / 知性与存在 / 未曾虔信

辑三　逝去的凝视

181　微博节选

辑外

209 维特根斯坦素描
—— 读《维特根斯坦:天才之为责任》札记

217 "在等待之中"
—— 评李猛《自然社会:自然法与现代道德世界的形成》

233 哈贝马斯:通过理性之公共运用的和解
—— 评罗尔斯的《政治自由主义》

267 谢夫勒:德里克·帕菲特《论真正重要之事》导言

287 跋:追忆与启迪
—— 江绪林博士告别仪式上的悼词 / 刘擎

辑一 正义与自由

解释和严密化

作为理性选择模型的罗尔斯契约论证

香港大学慈继伟教授对本文下述思路的形成提供了重要帮助：将罗尔斯的契约论证理解为一种理性选择模型，遵循的是一种获取推理性知识的分析路径。香港浸会大学关启文教授、台湾中正大学石元康教授、香港岭南大学郑宇健教授、香港中文大学周保松教授、台湾佛光大学林炫向教授，以及审稿人对本研究的回应和批评对本文的完成起了重要作用，笔者特此致谢。当然，一切文责笔者自负。

编者按：本文原刊于《中国社会科学》2009 年第 5 期。

一、引论：契约论证的争议和本文的研究视角

约翰·罗尔斯的公平正义（justice as fairness）理论在当代西方政治思想中居关键地位。诺齐克认为，就深度和系统性而言，《正义论》在政治哲学史上直接承续约翰·穆勒的著作。[1] 安东尼·阿巴拉斯特说，通过把正义放置到自由主义的思考中心，罗尔斯标志着自由主义传统内的一个显著进步或更新。[2] 威尔·金里卡认为罗尔斯的公平正义理论为二战后西方社会围绕福利国家实践的政治论争提供了令人满意的理论框架。[3] 而一个更具致礼意味的评价则是 1999 年在罗尔斯获奖的颁奖礼上，当时的美国总统比尔·克林顿致辞时给出的："《正义论》……这本书令人信服地将自由权利和正义置于理性的新基础上。罗尔斯论证说，社会给予弱势群体以帮助不仅是道德的要求，而且是理性的逻辑要求。"[4]

1　Nozick, Robert, *Anarchy, State and Utopia*, Oxford: Basil Blackwell, 1974, p. 183.
2　安东尼·阿巴拉斯特，《西方自由主义的兴衰》，曹海军等译，长春：吉林人民出版社，2004 年，第 444 页。
3　Kymlicka, Will, *Contemporary Political Philosophy: An Introduction*, 2nd edition, New York: Oxford University Press, 2002, p. 88.
4　http://clinton4.nara.gov/WH/New/html/19990929.html, Sept. 29, 1999.

罗尔斯的正义理论复兴了古典社会契约论的传统，其特点是在一个虚拟的社会契约中让理性的行为者在无知之幕的处境下缔结社会合作的基本原则。无知之幕遮蔽了契约缔结者的利益和身份，使得契约缔结者无法提出或赞成只对特定地位有利的条款。在这种条件下缔结的正义原则被称为公平正义。简略地讲，公平正义包含两条具有优先次序的基本原则：一是平等的基本自由原则，公民平等地拥有基本的政治权利和自由；二是涉及物质利益分配的差异原则，社会物质财富的分配将最大化最低收入者的福利。平等的自由原则优先于差异原则，即当基本自由与经济利益发生冲突的时候，自由权利优先满足。[1]

在其正义理论中，罗尔斯采用的契约式论证是一个极富争议的论题，涉及契约论证与正义诸原则的关系问题：公平正义的原则在何种程度上依赖于契约式论证？围绕这一论题，大致有两种分析进路。

一种进路倾向于认为正义诸原则独立于契约设计，否定契约式论证的有效性或重要性，甚至怀疑罗尔斯是否真的具有一种契约式的理论。这种进路的代表人物包括德沃金、桑德尔、麦克弗森、石元康、金里卡等人，而何怀宏、周保松等也基本上持有类似立场。德沃金认为罗尔斯的契约论证是无效的：原

---

[1] Rawls, John, *A Theory of Justice*, Revised Edition, Cambridge: The Belknap Press of Harvard University Press, 1999, p. 214.

初状态是虚构的，而虚构的契约不能对契约的条款提供任何独立有效的证明。[1] 依据德沃金的观点，原初状态只是一个通向更深的权利理论的中转站，而后者才真正为正义的两条原则提供证明。[2] 桑德尔认为原初状态不是一个契约，因为在无知之幕后根本没有发生过任何选择行为，而只有无差异的行为者的自我认知。[3] 石元康先将罗尔斯的契约论界定为一种道德契约论，即从契约推导出道德原则，然后指出其证立过程中存在一个两难困境：为了证立道德原则，原初状态必须被理解为一个前道德的纯粹程序，而如何设置"公平程序"又反过来依赖特定的道德原则，这样，契约论方法陷入循环困境。[4] 何怀宏、周保松认为契约方法在罗尔斯的理论中扮演的角色远远不如想象中那么重要，因为整个原初状态和无知之幕只是罗尔斯统合社会合作以及自由而平等的道德人等基本理念的一种装载性或说明性的工具。[5]

另一条分析进路可以理解为一种默认契约式论证为正义诸原则提供了关键辩护的倾向，它不质疑契约式论证本身的正当

---

[1] Dworkin, Ronald, *Taking Rights Seriously*, Cambridge: Harvard University Press, 1978, p. 151.
[2] Dworkin, *Taking Rights Seriously*, pp. 169-176.
[3] Sandel, Michael, J. *Liberalism and the Limits of Justice*, Cambridge: Cambridge University Press, 1982, p. 132.
[4] 参见石元康：《罗尔斯》，台北：东大图书公司，1989年，第122—133页。
[5] 参见何怀宏：《公平的正义：解读罗尔斯〈正义论〉》，济南：山东人民出版社，2002年，第163页；参见周保松："契约、公平与社会正义：罗尔斯《正义论》修订版评介"，罗尔斯：《正义论》，李少军等译，台湾：桂冠图书股份有限公司，2003年，导读，第31页。

性或有效性,却未必满意罗尔斯契约设计的具体方式。作为对罗尔斯的辩护,莱斯诺夫说桑德尔的批评犯了一个很简单的错误:许多完全相同的个人仍然是许多个人。他们仍然可能发生利益冲突,尤其是在罗尔斯的理论中,他们都想最大程度地占有有限的、同样的基本社会益品。因此,完全相同的个人之间的契约仍然是一个真正的社会契约。[1]诺齐克、布坎南、高斯尔都默认了契约论方法,他们各自设计了不同的契约理论。徐向东认同对契约式论证的一种温和肯定:契约并非一定是形成权威及义务的根据,而可以仅仅看作是辩护或评价政治权威的一种工具,甚至卢梭和康德就是这么看待社会契约论的。[2]赵汀阳从博弈论角度对罗尔斯的契约论做了有洞见的技术批评:原初状态中对无知之幕的设置是成问题的,因为难以转化为有知状态;而且,纵使在无知之幕后,罗尔斯的正义两原则也未必是博弈最可能的解。[3]

本文试图从一个被忽略的视角或进路来分析罗尔斯的契约理论,即将其视作一种理性选择模型,强调借助理性选择范式的成熟理论模型获得较科学的认知。导致这一视角被忽略的主要原因,一是部分政治思想家注重罗尔斯的公平正义观的实质

---

[1] 参见迈克尔·莱斯诺夫等:《社会契约论》,刘训练等译,南京:江苏人民出版社,2005年,第186页。
[2] 参见徐向东:《自由主义、社会契约与政治辩护》,北京:北京大学出版社,2005年,第84—87页。
[3] 参见赵汀阳:《冲突、合作与和谐的博弈哲学》,《世界经济与政治》(北京),2007年第6期。

政治理念，而倾向于将社会契约设计理解为一种较次要的论证工具；二是当代一些衍生型契约理论者大大拓展了契约论工具的应用范围，如托马斯·斯坎伦对普遍道德的推衍、帕特曼对社会性别平等的主张、查尔斯·密尔对种族不平等的分析等都借助了契约工具。[1]这种拓展模糊了当代西方主流的社会契约论由于引入理性选择模型所具有的认知上的严格知识品质；三是虽然诺齐克、布坎南和高斯尔等契约理论家普遍应用了理性选择范式，但他们都无意于对罗尔斯的模型进行细致的技术分析；四是将罗尔斯的契约理论看作一种理性选择模型的做法初看很鲁莽，存在着扭曲和简化罗尔斯政治思想的危险。因为罗尔斯从未认为个体是纯粹经济意义上的理性人，而是相反，他明确预设了"自由而平等的道德人"这样的规范概念。[2]这种危险或许是该进路被漠视的主要原因。

然而，如果罗尔斯的契约论证采纳了理性选择范式，那么将其视作一个理性选择模型进行考察就是一种正当的做法。两个理由强化了这一点：第一，罗尔斯正义理论具有巨大理论吸引力的主要原因之一就在于其正义两原则常常被理解为众多行为者理性选择的结果。这使得正义原则看起来是所涉前提的演绎结论，

---

[1] Scanlon, T. M., *What We Owe to Each Other*, Cambridge: Harvard University Press, 1998; Pateman, Carole, *The Sexual Contract*, Palo Alto: Stanford University Press, 1988; Mills, Charles, *The Racial Contract*, Ithaca: Cornell University Press, 1997.

[2] Rawls, John, *Justice as Fairness: A Restatement*, Cambridge: Harvard University Press, 2001, pp. 18-24.

具有强大的逻辑说服力；第二，作为一种数理模型，理性选择范式之推理的可靠性诉诸数学演算。这样，将罗尔斯的契约论证视作一种理性选择模型，就可对其进行严密的分析。这一视角的关键在于辨析出罗尔斯契约论证中可靠和不可靠的部分。

二、当代社会契约论的复兴与理性选择范式

在本文中，社会契约论被理解为一种解释国家或公共权力的合法性和限度的思想模型，即个体通过某种历史上或逻辑上优先的契约来形成国家或确定政治社会的基本原则。这种选择性的解读符合对自霍布斯、洛克、卢梭、康德到罗尔斯、诺齐克、布坎南以来西方主流社会契约论传统的描述。古希腊以及中古零星的契约论思想往往只边缘性地为对公共权力的服从及其限度提供理由，[1]而只有在霍布斯将个体设定为国家或公共权力的逻辑起点的时候，社会契约论才在政治思想中居于主导地位，并先导了现代自由民主政治的实践。

在《利维坦》中，物理意义上平等的个体通过契约建构了一个全权国家来维护公共安全和秩序。而在《政府论》中，人们在订立社会契约时只向国家让渡了有限的权利。不过，霍布

---

[1] 在柏拉图的《克利托》篇中，苏格拉底用默认的契约的观念来解释他为何不愿意逃离雅典，而愿意接受刑罚。参见 Plato: "Plato's Crito," *Four Texts on Socrates*, Ithaca: Cornell University Press, 1998, p.110. 中世纪的曼尼古德用统治者和民众的社会契约来说明反抗残暴的统治者的正当性。参见 Lessnoff, Michael: *Social Contract*, NJ: Humanities Press International, 1986, p.12。

斯和洛克都倾向于认为自然状态和原初的社会契约是历史事实或部分地描述了历史事实。[1] 休谟抨击说原初契约的历史事实性这样的诠释并不能授予既定的政治权威以正当性，因为绝大多数的现存国家都是借由暴力和征服而来的。[2] 随后的契约理论家逐渐发展出假想的社会契约。卢梭的《社会契约论》致力于用原初契约来解释政治社会的合法性而非其历史起源。[3] 康德首次清晰提出假想的契约的思想，他将社会契约看作一个检查政治社会的适当性的标准而非历史事实。[4] 虽然卢梭和康德的契约论成功地应对了对契约之历史性的质疑，然而，契约论仍然在更大范围内遭到严厉批评。自由而平等的个体这一普遍概念遭受黑格尔主义的有力批评：人是一种历史和社会的存在，其特征总是由具体的文化形成的，难以表明无论在历史的还是

---

[1] Hobbes, Thomas, *Leviathan*, edited by Flathman and Johnston, New York: Norton & Co., 1997, p. 71；约翰·洛克：《政府论（下篇）》，叶启芳译，北京：商务印书馆，1964 年，第 59—76 页。

[2] Hume, David, "of the Original Contract," *Moral and Political Philosophy*, Edited by Henry D. Aiken, New York: Hafner Press, 1948, pp. 360-368.

[3] 在《社会契约论》一开篇，卢梭就说："……这一改变如何发生？我不知道。什么使得这一改变合法？我相信我能解决这个问题。"参见 Rousseau, Jean-Jacques, *The Social Contract and Other Later Political Writings*, Edited and Translated by Victor Gourevitch, Cambridge: Cambridge University Press, 1997, p. 41。

[4] 康德说："公民宪政单单依赖人们之间的原初契约，这一契约完全与权利相容，而国家能借此契约产生。但绝不能认为这一契约在历史上导致了民族内私人特殊意志的普遍联合以形成公共意志（为了立法的目的），那完全不可能……事实上，原初契约单单是一个理念，一个具有不容置疑的现实性的理念。"参见 Kant, Immanuel, *Perpetual Peace and Other Essays*, Translated by Ted Tumphrey, Indianapolis: Hackett Publishing Company, 1983, p. 77。

虚构的自然状态中存在普遍的人性；休谟和边沁等从经验主义的角度将"自然状态"、"不可转让和不可剥夺的权利"等概念斥为荒诞不经。[1] 虚构的社会契约也失去了对实际政治的吸引力。古典社会契约理论在18世纪末期开始衰落。与此同时，具有经验倾向并采纳结果主义方法[2]的效用主义崛起为道德和政治哲学的主流。[3] 在经历了一个半世纪的沉默之后，社会契约论在20世纪70年代经历了强有力的复兴，而其主要特点就在于对理性选择范式这一严格模型的采纳。

理性选择范式一直在经济学中居支配地位，至20世纪50年代以来更远远越出了经济学范围，在政治学、社会学、人类学和哲学中占据重要位置。理性选择范式由几个普遍接受的基本假设构成。第一，行为者的目标是效用最大化，而效用则指示行为者的偏好，[4] 在添加了完全性公设和传递性公设等辅助假设后，就可以建构效用函数来表示偏好。第二，约束的存在，

---

1 阿巴拉斯特，《西方自由主义的兴衰》，曹海军等译，第465页。
2 结果主义（Consequentialism）是一种依据结果来检验规则的适当性的方法和标准，被广泛应用，尤其是在判定行为的正当性方面，效用主义就是一种典型的结果主义论点。
3 Kymlicka, Will, *Contemporary Political Philosophy, An Introduction*, 1st edition, New York: Oxford University Press, 1991, pp. 10-11.
4 当代选择理论已经抛弃了传统功利主义中将效用（utility）定义为幸福或快乐或愿望的实现的做法，而把效用直接看作个人选择的一种数量表述。这种效用理论认为，说一个人从状态X得到比状态Y更多的效用，等于说此人将选择状态X而不是状态Y。这种做法主要是为了克服直接的人际间效用比较这一难题。参见阿马蒂亚·森：《以自由看待发展》，任赜等译，北京：中国人民大学出版社，2002年，第56—57页。

有超过一位行为者在竞争有限的资源。约束的存在使得选择变得必要。第三，行为者的基本单位是个体，集体结果用个体效用最大化的行为来解释。另外两个存在争议的基本假设一个涉及理性（rationality）的概念，另一个涉及可获取的信息。弱理性（thin-rationality）主张者只要求行为者采纳最有效方法最大化自身效用，而强理性（thick-rationality）主张者则认为至少行为者的偏好具有稳定的结构；新古典经济学假设理性行为者拥有充分信息，而信息不充分的存在则意味着有时候短视的决策也是理性的，因为获取信息是需要成本的。有了这些基本假设，就可以建构一些基本的理性选择模型。如果将时序、不确定性、策略互动等因素输入则会引出更为复杂的模型。[1] 理性选择范式的主要优势在于其模型的数学本质：在采纳了上述假设后，可以用数学计算推导出精确的结果。理性选择范式不是一种综合的学说，而是一种"试图引入形式的、理论的和方法论的严谨"的研究范式，"正如新古典经济学已经做到的那样"。[2]

理性选择理论的批评主要指向理性选择模型的基本假设，认为这些假设并非完全真实。譬如，马克思主义者认为群体

---

1 Green, Steven, "Rational Choice Theory: an Overview," Prepared for the Baylor University faculty development seminar on rational choice theory, May 2002, pp. 4-14. http://business.baylor.edu/steve_green/green1.doc.

2 Creighton, David Joseph, *The Limits of Rational Choice: Decision Making from an Interpretive Perspective*, Thesis (Ph.D.)--Saybrook Graduate School and Research Center, 2001, p. 7.

（社会阶级）而非个体才是基本的；制度主义者认为制度比个人偏好更重要；经济学家西蒙在严格分析了决策者在知识和计算方面的局限性后指出，理性行为者的行为最多也就貌似是理性的，但在其严格意义上则未必。[1] 理性选择范式的支持者们做出了各自的回应。诺斯分析说，制度最终仍然是理性个体决策的反射；[2] 米尔顿·弗里德曼则认为："重要的问题并非一个理论的假设是否准确地记录了现实，而是针对手头的工作而言，这些假设是否构成对现实的足够好的逼近。这个问题只能通过检查该理论是否起作用来判定，也就是说，是否产生足够精确的预测。"[3] 事实上，批评并没有动摇理性选择范式在经济学中的统治及其在人文社会学科中的迅速扩展，以至于理性选择范式被称为一种"霸权"。[4]

当代契约理论家们普遍采纳了理性选择范式。罗尔斯、诺齐克、布坎南和高斯尔等代表人物在某种意义上都用经济人这一科学前设概念取代了自由而平等的个体概念：经济人的概念仅仅是一个必要的假设，较易应用计量方法。这种做法使得当代社会契约论逐渐转变为较精确的政治理论模型。作为古典社

---

1 Simon, Herbert, "Bounded Rationality," In Eatwell, J., Milgate, M., and Newman, P., *The New Palgrave: Utility and Probability,* New York: Norton & Co., 1987, p. 5.

2 North, Douglass C., *Structure and Change in Economic History*, New York: Norton & Co., 1982.

3 Friedman, Milton, "The Methodology of Positive Economics," *Essays in Positive Economics*, Chicago: University of Chicago Press, 1953, p. 15.

4 Lichback, Mark I., *Is Rational Choice Theory All of Social Science?*, Ann Arbor: University of Michigan Press, 2003, pp. 41-69.

会契约论的当代继承人，诺齐克保留了个体的不可侵犯的自然权利这一概念，然而在诺齐克处，自然权利却被当作一种需要予以捍卫的利益，甚至必要时可以被精确分割。[1] 在自然状态中，个体严格地遵循理性选择的原则进行决策。诺齐克用市场这一"看不见的手"的观念来解释国家的产生：为了捍卫自然权利这一利益，诸多个体成立起分散的组织（私人执法机构）将执行权利转让给它们以换取安全。一个居于支配地位的私人执法机构在完全竞争市场中脱颖而出，成为事实上的暴力垄断者。而在表明支配性执法机构在作为赔偿给予异议者以保护的条件下禁止异议者私人执法这一做法并不违背个人权利之后，事实上的暴力垄断者就变成了合法的暴力垄断者。国家也就产生了。因为国家仅仅拥有个体转让的执行自然权利这一职能，故只是一种权限最小的国家，只能执行提供安全保障、裁决争议等职能，没有权利进行社会财富再分配。[2] 高斯尔和布坎南最彻底地执行了理性选择模型，他们试图仅从效用最大化者这一前设推演出基本的政治规则。因为两者立场类似，[3] 此处仅简述布坎南用经济模型阐述的契约概念：追逐自身利益最大化

---

[1] Nozick, *Anarchy, State and Utopia*, pp. 280-292.

[2] Nozick, *Anarchy, State and Utopia*, pp. 10-148.

[3] 高斯尔试图从利益最大化者这一前提推导出基本的道德原则。因为道德原则不总像政治原则一样体现在政治制度中因而获得国家暴力的支持，高斯尔考虑的主要议题还包括理性行为者怎么处理"搭便车（the free rider）"等因为缺乏执行保证而导致的不遵守规则的问题，该问题在有强力执行的政治领域中并不显著。然而高斯尔的契约论设计对政治领域同样适用，并且与布坎南具有类似的立场。参见 Gauthier, David, *Morals by Agreement*, Oxford: Clarendon Press, 1986, p. 17。

的诸多个体在自然状态中会形成一种均衡,这种均衡指示着权利、财产和身份方面的自然分布。[1] 所有个体都会认同一个宪政契约来确认自然分布下的权利、财产和身份状态:宪政契约将免除所有人为获致和捍卫自然分布下自身的身份、权利和财产所耗费的资源,因而能增进所有人的福利(和平红利)。由此契约建立的国家将执行法律并保护个体的权利。

罗尔斯的契约论也采纳了理性选择模式。罗尔斯将社会理解为一个基于相互利益的合作体系,而在无知之幕后准备缔结社会契约的代表则是相互不关心、寻求自我效用最大化的理性行为者。罗尔斯正是试图借助理性选择模型为他心仪的正义概念提供辩护。罗尔斯说:"契约论术语的价值在于它传递了这样的概念:正义的原则能够被理解为理性人愿意选择的原则。通过这种方式正义的概念能够得到解释和辩护。正义理论是理性选择理论的一部分,甚至是最重要的一部分。"[2]

事实上,在应用了理性选择模型的几位主流的契约理论家中,罗尔斯的理论居于某种中间的位置。诺齐克的理论依赖于人的自然权利这一假设,哲学家托马斯·内格尔批评诺齐克的契约论是无根的,因为诺齐克的个体权利这一概念欠缺解释。[3] 另一方面,高斯尔和布坎南在建构原初契约模型的时候没有对

---

1 Buchanan, James, *the Limits of Liberty: between Anarchy and Leviathan*, Chicago: University of Chicago Press, 1975, p. 23.
2 Rawls, *A Theory of Justice*, Revised Edition, pp. 14-15.
3 Nagel, Thomas, "Libertarianism without Foundations," *Reading Nozick*, Paul, Jeffrey ed., New Jersey: Rowman and Littlefield, 1981, pp. 192-193.

理性行为者施加任何约束,从而其社会契约不完全适用于诠释公共权力受限的现代国家:不平等的关系(奴役,等级制)可能被效用最大化者引入原初社会契约的条款中。高斯尔依赖于一个偶然的事实性假设来克服这个困难:人的物理的和智力的条件被设定为是大致相等或互补的,这样,原初契约将会是平等而互利的。[1] 布坎南则似乎没有意识到这个困难的存在。结果布坎南的原初社会契约仅仅是一种利益最大化的个体们形成政治秩序的方法。[2] 无论君主制、贵族制还是民主制都可以借由布坎南的原初契约得到解释。因此,布坎南的契约论远离了他宣称要解释现代自由民主政治的合法性基础的初衷。诺齐克和布坎南等人契约论的缺陷恰恰反衬出罗尔斯社会契约论的稳健。罗尔斯的无知之幕这一装置约束了效用最大化者,从操作上设定了理性行为者平等的谈判地位。

然而,对罗尔斯契约理论的详细考察将表明,罗尔斯在建构理性选择模型时并未取得完全成功:一系列技术失误阻止了在其契约论前设与作为结论的正义原则之间建立严密的逻辑关系,而罗尔斯也不得不更多地依赖康德的自由而平等的人的概念来完成对正义原则的推导。

1　Gauthier, *Morals by Agreement*, p. 17.
2　Buchanan, *The Limits of Liberty: Between Anarchy and Leviathan*, pp. 175-176.

三、契约论证的问题、后果以及罗尔斯的应对

下面将通过对差异原则的分析引导出罗尔斯契约设计中存在的问题。以差异原则的分析开始是有理由的，因为在罗尔斯的公平正义的契约设计中，对差异原则的论证严格应用了理性选择理论，并且差异原则本身获得了严谨的数学表达：在福利经济学评价社会的收入分布时，差异原则同最大化个体效用之和的效用原则一起构成了基数型社会福利函数的主要原型。[1]

差异原则将社会总效用等同于最低收入者的效用，因此最大化社会总效用等同于最大化最低收入者的效用。差异原则由平等分配和经济效率两个要素综合而成：首先静态地假定社会效用总值固定，则最大化最低收入者的效用等同于完全的平均分配，因此罗尔斯设定平均分配是理想分配方案的基准点；[2] 随即放松总的社会效用固定这一约束条件，则经济效率原则会推动平均分配转化为遵循差异原则的分配：在依据经济效率原则而有差异的分配方案中，最低收入者的效用要高于平均分配时的人均效用。[3] 因此，对最低收入者来说，差异原则比平均分配是一种更优的方案。

为了准确地把握差异原则内经济效率和平等分配的关系，

---

1 Johansson, Per-Olov, *An Introduction to Modern Welfare Economics*, Cambridge: Cambridge University Press, 1991, pp. 22-39.
2 Rawls, *A Theory of Justice*, Revised Edition, p. 55.
3 Rawls, *A Theory of Justice*, Revised Edition, pp. 130-131.

首先需要厘清经济效率的精确涵义。罗尔斯在《正义论》中采纳了经济效率的标准定义："……一种配置处于如下状态时是有效率的：在不使任何人境况变坏的情况下，不可能再使得某些人的境况变好。"[1] 该定义描述出帕累托效率或帕累托最优这样一种不存在改进余地的最优状态。在经济和资源分配领域中，帕累托效率是通过完全竞争市场的一般均衡[2]描述出来的：在完全自由竞争的多产品市场中，存在一个稳定的均衡，这一均衡满足帕累托最优。一般均衡描述了与消费相关的生产和交换两个环节，因而可被分解为生产效率和交换效率两个部分。生产效率需要满足的技术条件是：对于任何产品，任意两个生产要素之间的边际技术替代率[3]相等。这一技术条件满足时，产出就处在生产可能性边界上并获得最大生产组合。生产效率的另一个条件是满足消费者受收入约束的最大效用。生产可能性边界描述生产效率的技术条件，无差异曲线刻画不同收入约束下的效用组合，则生产可能性边界曲线与无差异曲线的切点处就满足了生产效率。图1中的E点就是帕累托最优的生产点。

---

1 Rawls, *A Theory of Justice*, Revised Edition, p. 58.
2 一般均衡理论源自法国经济学家瓦尔拉斯（Leon Walras），故称为"瓦尔拉斯均衡（Walrasian equilibrium）"。由于肯尼斯·阿罗（Kenneth Arrow）和德布鲁（Gerard Debreu）给出了严格的数学证明，因而也被称为阿罗-德布鲁定理或模型，被誉为一般竞争性均衡理论的顶峰，构成了经济学框架的核心理论基础。参见阿马蒂亚·森：《以自由看待发展》，任赜等译，第116、139页。关于这一模型以及其为博弈论所补充的一个简介，参见罗杰·巴克豪斯：《西方经济学史》，袁野等译，海口：海南出版社，2007年，第274—289、300—309页。
3 边际技术替代率：在产量保持不变的前提条件下，增加1单位某种生产要素可以代替的另外一种生产要素的数量。

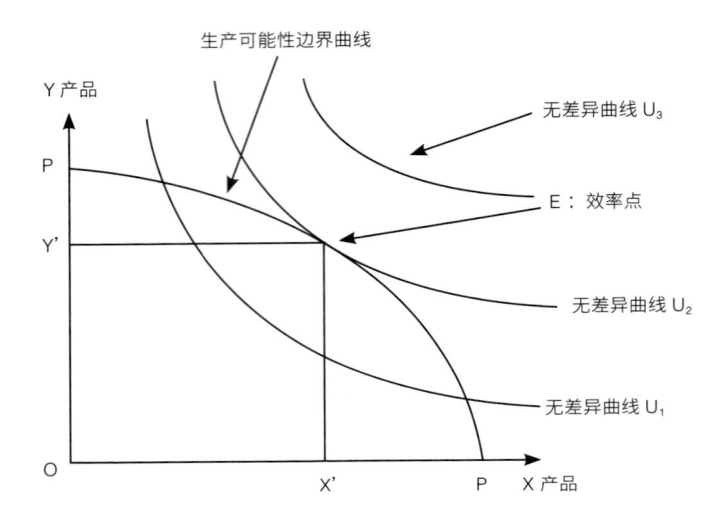

图1：生产可能性边界 PP 与无差异曲线相切形成了效率点 E

分配效率涉及多个人（消费者）的模型。分配效率的条件是：任何两个消费者的任意两种产品的边际替代率[1]都相等。当这一条件满足时，消费者的消费就处在效用可能性边界上并获得最大的效用组合。

当一般均衡的条件满足时，所获致的帕累托效率同时包含这样的内容：既定的资源在生产过程中实现最大的产出组合，该产出组合能实现消费者的最大效用；对任意起始资源分布状态，市场交换能够在不损害任何人的条件下最大化所有人

---

[1] 在维持效用水平或满足程度不变的前提下，消费者增加 1 单位的某种商品 X 的消费时，所需要放弃的另一种商品 Y 的消费数量，被称为商品的边际替代率。

的效用。事实上，一般均衡符合帕累托最优的严格陈述是对亚当·斯密的"看不见的手"[1]的古典思想的现代数学陈述：依赖行为者的效用最大化动机，在完全竞争的环境中，市场将自动实现资源配置的帕累托最优。

因为帕累托效率能给出数学定义，研究帕累托效率与平等分配之关系的一种恰切方式就是探究平等分配是否能与帕累托效率兼容。帕累托效率与平等之间存在冲突被认为是经济学中最基本的主题之一。[2] 冲突的主要原因是，帕累托效率与平等对同一事件（分配）提出了两种完全不同的标准：在帕累托效率的精确定义中，根本不涉及平等的因素；引入平等要求这一额外因素，恰恰可能会破坏市场机制下的均衡。我们分别考察帕累托效率与平等分配可能兼容的两种特殊情况：平等与帕累托效率的自然兼容；通过政府干预实现的兼容。

帕累托效率与平等分配状态同时被满足的自然条件是：起始资源分布状态严格平等，并加上其他有利的辅助设定（类似的偏好、风险和机遇类似等），则通过市场机制运作的效用分布状态将不仅仅是帕累托最优的，而且也是平等的。然而，不仅那些有利的辅助设定很难满足，而且在复杂社会中，起始资源分布状态可以被设定为不平均的。因此帕累托最优分配和平

---

1 Smith, Adam, *An Inquiry into the Nature and Causes of the Wealth of Nations*, Chicago: Encyclopedia Briannica, Inc., 1952, p. 194.
2 Mankiw, Gregory, *Principles of Economics,* 3ed, OH: Thomson South-western, 2004, p. 5.

等分配之间的一种自然的和谐状态几乎是不存在的。用效用可能性边界曲线更严谨地表示：设定任意的起始资源分布，则市场机制决定的帕累托最优点可能落在效用可能性边界曲线的任意一点上，而平等的帕累托最优点只是一个特定点：效用可能性边界曲线与过原点沿横坐标逆时针旋转所成直线的交点。帕累托最优点同时满足平等分配的概率为零（$\lim\limits_{n\to\infty}\frac{1}{n}=0$），帕累托效率与平等分配的自然兼容是没有可能的。

福利经济学第二定理似为符合帕累托效率的政府干预提供了理论依据，该原理证明任意特定帕累托最优点能够通过给定合适的起始生产资源分布在竞争市场中取得。[1] 这一定理对平等分配原则的实际应用含义是：政府通过一笔总付（lump sum）方式的转移支付来实现平等的起始资源分布，其后通过自由竞争的市场机制取得平等而有效率的分配结果。但是，这一设想中的符合帕累托效率的政府干预是不可能的：这一定理不恰当地授予了政府一种超验的地位。[2] 政府的干预总是在完全竞争市场运作过程之中发生的，政府不可能退回到完全竞争市场的起点处，通过更改起始资源分布状态而取得特定的效用分配结果。因此，通过政府干预实现帕累托效率与平等的兼容

---

1 Just, Richard E., Hueth, Darrell L. and Schmitz, Andrew, *The Welfare Economics of Public Policy: A Practical Approach to Project and Policy Evaluation*, Cheltenham: Edward Elgar Publishing Limited, 2004, p. 28.
2 阿马蒂亚·森则从经验维度上指出这条定理实际上是一个"革命者手册"，因为它会要求巨大的政治力量与持续的行政激进措施来实现所需要的资产再分配。参见阿马蒂亚·森：《以自由看待发展》，任赜等译，第140页。

也是不可能的。

平等与帕累托效率的不兼容关系表明罗尔斯的差异原则本身存在内在的冲突。虽然罗尔斯有时也意识到帕累托效率和平均分配之间的冲突,但基本上错误地倾向于认为平均分配和帕累托效率具有融洽的关系。罗尔斯说:"假设基本的社会结构有多种有效率的安排,每一种都规定了对社会合作产生的利益的分配方案。现在的问题就是选择一种安排或者发现一种正义概念,使得能够从这些有效率的分配方案中挑出一种正义的(较平等的)方案。如果我们成功地做到这一点,我们就能在超越效率的同时又符合效率。"[1]

上述引文可以技术地表述为,罗尔斯将差异原则等同于效用可能性边界曲线上符合平均分配原则的一点。这就假设了可以对那些帕累托最优点进行政府干预而无损效率。而依据对帕累托效率的精确分析,政府干预是无法在帕累托效率与平等分配之间实现兼容的。因此,这里涉及罗尔斯的第一个技术失误,即不当地预设帕累托效率与平等分配之间具有融洽关系,忽略或否定了差异原则的内部冲突。不过,差异原则本身存在内部冲突这一点并不构成在缔结原初社会契约时拒绝差异原则的理由。基本的政治正义原则本来就可能是由相互冲突的要素综合而成。然而,差异原则存在内部冲突迫使我们更小心翼翼地分析其被接受的过程。

---

1 Rawls, *A Theory of Justice*, Revised Edition, p. 61.

分析了差异原则的构成之后，需要考虑差异原则的辩护问题，也即分析差异原则是否是理性行为者在原初状态中的最优选择，以及罗尔斯的原初契约的设计本身是否合理的问题。本文对罗尔斯契约论证的第二个批评就是：在原初状态中，无法确认理性行为者选择差异原则是最优选择，罗尔斯之所以选择差异原则是因为他把处在原初状态的理性行为者的风险偏好无理由地预设为极度风险厌恶。[1]

罗尔斯提供了两种理性行为者界定自我利益份额的方法：一种是采取极端保守的方法，将自己的利益份额认同为社会中的最低收入者的利益份额，在此基础上采取的就是最大化最小值（maximin）策略，而差异原则就是这一策略在财富和利益分配领域的应用；另一种则采取概率计算的策略，将自身利益份额界定为所有可能利益份额的数学期望值或均值，其结果则要求最大化人均效用，也即采纳人均效用原则。给定了两种

---

[1] 许多研究者都批评罗尔斯的差异原则并非最优选择。克莱沃瑞克就不认为差异原则优于平均效用原则，参见 Klevorick, Alvin K., "Discussion on Rawls's Maximin Criterion," *American Economic Review* 64 (1974), 158-161；马斯格瑞将最大化最小值原则的采纳归咎于罗尔斯预设的极度风险厌恶立场，参见 Musgrave, R. A., "Maximin, Uncertainty and the Leisure Trade-off," *Quarterly Journal of Economics* 88 (1974), 625-632；哈桑尼认为最大化最小值策略将导致非理性的决策，而平均效用原则因为"能给予每个人的正当利益以平等的考量"而更好，参见 Harsanyi, John C., "Can the Maximin Principle Serve as a Basis for Morality? —A Critique of John Rawls's Theory," *John Rawls: Critical Assessments of Leading Political Philosophers*, volume I, Kukathas, Chandran, edited, London: Routledge, 2003, p. 219；柯柏则攻击说差异原则是高度违背直觉的，参见 Copp, David, "Justice and the Difference Principle," *Canadian Journal of Philosophy* 4 (2), (1974), pp. 229-240。

主要的选项之后，罗尔斯通过否定由概率计算产生的平均效用原则的方式，来辩护最大化最小值原则。罗尔斯认为，无知之幕背后的理性行为者不能预先设定自己的利益份额落在任意位置的概率，因此无法用数学预期值或均值来界定自己的利益份额。其理由是，不充足理由律[1]规定的预先设定概率是由随机样本的方式在统计经验中逐渐积累起来的，而原初社会契约是一次性思想试验，理性行为者在此契约中无法依赖此前的统计经验来预设自己落在某一位置的概率，而由于原初契约的极端重要性，慎重的理性行为者会拒绝应用概率计算的方法。[2] 概率计算的方法被拒绝之后，罗尔斯就剩下最大化最小值的差异原则可选了。本文避开评估罗尔斯反对概率计算的理由，也不质疑罗尔斯采取的比较法的论证有效性，仅指出罗尔斯的差异原则的一个明显的自相矛盾：罗尔斯实际上为无知之幕后的理性行为者设定了极度风险厌恶的偏好；同时，依据罗尔斯，无知之幕这一约束条件包括理性行为者不知道自己的风险偏好。[3] 这构成了一个矛盾。这个矛盾并不表明选择差异原则是非理性的，却严重地动摇了差异原则作为理性行为者的最优选择的地位。此处是通过统计分析方法确认差异原则预设了极度风险厌恶的偏好。差异原则要求不同的人的利益份额差别尽可能小，

---

[1] 不充足理由律规定：在集体穷尽的和互斥的 n 个可能事态组成的集合中，如果各个可能事态之间除了名称不同之外，相互之间并无任何区别，则每个事态发生的概率被指定为 1/n。简单的例子是，投掷硬币结果是正反面的概率都被预设为 1/2。

[2] Rawls, *A Theory of Justice*, Revised Edition, pp. 145-147.

[3] Rawls, *A Theory of Justice*, Revised Edition, p. 149.

也即所有人的收入尽可能地靠近均值。这意味着由所有人的收入份额组成的数集的方差应该尽可能小。方差大小与风险大小成正比关系，选择具有极小方差分配方案的理性行为者，其风险偏好为极度风险厌恶。

如果说罗尔斯无根据的风险偏好设定动摇了差异原则的最优性，那么，罗尔斯在契约设计时的另一个错误则更为严重，这涉及罗尔斯不恰当地将原初契约的任务设计为确定划分社会合作产生的利益（和负担）的原则。在《正义论》第 1 节中，罗尔斯就从分配角度来理解社会正义原则的功能："这些原则就是社会正义的原则：它们一方面提供了在社会基本制度中划分权利和义务的方式；另一方面又规定了社会合作的利益和负担的适当分配。"[1] 而在随后第 11 节对正义两个原则的阐述中，罗尔斯更明晰地以分配的主题来理解正义的两个原则的任务：确定分配社会基本益品（自由、权利、机会、收入和财富以及自尊的基础）的原则。[2]

以分配主题来设计原初契约在技术上严重背离了罗尔斯自己采纳的理性选择范式。罗尔斯的契约理论之采纳理性选择框架反映在两个基础概念上：一个是被理解为基于各自利益而形成公平的合作体系的社会，这一社会概念自《正义论》到《政治自由主义》都是罗尔斯理论的基本组织性概念；[3] 另一个则是

1　Rawls, *A Theory of Justice*, Revised Edition, p. 4.
2　Rawls, *A Theory of Justice*, Revised Edition, p. 55.
3　Rawls, *A Theory of Justice*, Revised Edition, p. 4; *Political Liberalism*, New York: Columbia University Press, 1993, p. 93.

在原初状态中寻求自身效用最大化的理性行为者概念。在此概念基础上，罗尔斯让理性行为者们在一种虚构的契约中来为他们的合作体系设计基本规则。这样，原初契约的任务自然地就是设计或者确定社会合作的基本规则，而罗尔斯却将这一任务窄化为确定分配社会合作产生的利益和负担的基本规则。分配主题并不能完全或准确地刻画社会合作，因为利益分配只是社会合作的一个子集，而社会合作就经济领域而言是包含生产和分配等环节的整体。[1] 其次，权利和自由等社会基本益品与其说是社会合作产生的利益，不如说是界定特殊的合作方式的要素，从分配角度来理解和处置自由和权利，犹如将自由和权利当成收入和财富等社会基本益品一样可以量化并予以精确分割。[2] 另外，分配主题还将"公共资产"这一导致循环困境的前提引入到原初契约中：一方面，原初契约的目标是确定社会

---

[1] 这一批评恰与约翰·格雷对约翰·穆勒的批评相同。格雷说："在其影响广泛的《政治经济学原理》一书中，穆勒区分了经济生活中的生产和分配，把分配完全看作是一个社会选择的问题，这种观点隐没了古典自由派关于经济生活性质的洞见：在古典自由派看来，经济生活是一个由生产活动和分配活动不可分割地融合在一起的整个体系。……正是这种错误的区分，才标示穆勒根本背离了古典自由主义。在做出这一区分的过程中，穆勒有力地完成了肇始于边沁和詹姆斯·穆勒的自由主义传统中的裂痕，并创立了一种将干预主义和国家主义的倾向合法化的思想体系……"参见 Gray, John, *Liberalism*, Stony Stratford: Open University Press, 1986, p. 30。
[2] 依慈继伟的分析，在论述正义的客观条件时，罗尔斯摇摆于休谟的资源缺乏与康德的自尊要求两种论点之间，其症候就是将自由（及自尊）纳入分配主题中这一不恰当的做法。慈继伟批评说，"事实上，自尊和自由根本就无法分配，更谈不上不平等分配。"参见慈继伟：《正义的两面》，北京：生活·读书·新知三联书店，2001 年，第 79 页。

基本益品的分割方式，因此，在契约缔结之前，社会基本益品的所有权状态应该是未定的；另一方面，社会基本益品又被当成一种所有代表都有份参与分割的公共资产，这已经预设了一种公有制前提。

通过上述对差异原则的构成及其推导过程的分析，可以看到罗尔斯契约设计存在三个技术失误，即对帕累托最优的误解、无根据的风险偏好假设以及不恰当地设定原初契约的任务。这些失误不但严重地动摇了差异原则的可接受性，而且阻碍了整个正义原则从理性选择模型中获得严格的推理。事实上，罗尔斯对正义两原则尤其是平等的自由原则及其优先性的辩护并非完全遵从理性选择范式。

罗尔斯对正义原则的辩护是多维的，除了虚拟契约处境下的理性选择之外，罗尔斯同时还依赖康德的先验伦理学路径，并且后来的罗尔斯愈来愈依赖于后一种策略。我们可以清晰地辨析出这种论证重心的变迁。在《正义论》第一版中，罗尔斯还诉诸经济学和心理学的解释来辩护自由原则及其优先性：发达社会的发展在跨越某一门槛时，经济利益的边际效用递减，自由权利远较经济利益更重要，此时牺牲自由权利来换取经济利益是不理性的。[1] 这一辩护方案遭到法学家哈特和哲学家巴里的批评。哈特指出，罗尔斯对自由原则及其优先性的辩护不

1　Rawls, John, *A Theory of Justice*, London: Oxford University Press, 1973, pp. 542-543.

成功，因为该辩护允许如下情况：如果物质利益能获得极大的增长，个体会选择暂时牺牲自由权利，只要这种牺牲不是永久性的。[1] 巴里指出，罗尔斯的辩护预设了这样一个条件：相对于自由权利，物质财富的价值根本不值一提。巴里认为，这个条件并没有说服力。[2] 罗尔斯多次提及哈特的重要批评，[3] 并调整了自己的策略：罗尔斯现在注重"自由而平等的人"这一理念对自由原则及其优先性的辩护。人是平等的，因为他们"具有最低限度的道德能力，能从事稳定的社会合作，并作为平等的公民参与社会生活"[4]；人是自由的，因为他们"具有形成、修正和合理追求善观念的道德能力"并且他们把自己看作是正当要求的自证根源（self-authenticating sources）。[5] 为正义两原则所调节的良序社会能平等地保证所有人的基本权利和自由，而平均效用原则却可能为了更多的社会效用而危害个人的基本权利和自由；因而，在平均效用原则和正义两原则中，"自由而平等的人"必定会选择正义两原则以确保自身作为"自由而平等的人"这一身份的利益，这一保证主要是通过

---

1 Hart, H.L., "Rawls on Liberty and its Priority," in *John Rawls: Critical Assessments of Leading Political Philosophers*, Edited by Chandran Kukathas, London: Routledge, 2003, Volume II, p. 50.

2 Barry, Barian, "John Rawls and the Priority of Liberty," in *John Rawls: Critical Assessments of Leading Political Philosophers*, Edited by Chandran Kukathas, London: Routledge, 2003, Volume II, p. 56.

3 Rawls, *A Theory of Justice*, Revised Edition, p. xii; *Justice as Fairness: A Restatement*, p. xvi.

4 Rawls, *Justice as Fairness: A Restatement*, p. 20.

5 Rawls, *Justice as Fairness: A Restatement*, pp. 21-24.

平等的自由原则来实现的。[1] 因而，这一辩护本身就刻画了自由的优先性。罗尔斯借助"自由而平等的人"的辩护是康德式的先验论路径：它从某种标准的道德思想和道德实践的特性出发（人具有正义感和善观念两种道德能力），推出使道德生活得以成立的原则和前提条件（平等的自由原则）：唯有在平等的自由原则的框架下，公民才能实践其两种道德能力，形成合理的道德生活。

罗尔斯依靠康德式的先验论为平等的自由原则及其优先性辩护。然而，"自由而平等的人"这一概念的凸现实际上意味着理性选择模型的废弃：在原初状态中，自由而平等的道德人取代了彼此漠不关心、追求自身效用最大化的理性行为者。这使得罗尔斯精心设计的原初状态这一理性选择模型显得有点虚张声势：虽然罗尔斯在设计契约论证时一直念念不忘要逼近具严格演绎性的道德几何学理想，[2] 但理性选择模型并没有为正义原则提供严格的证明。平等的自由原则是自由而平等的人这一道德概念的政治诠释，而并非原初状态下行为者理性选择的结论。

四、理性选择模型的严密化及其意义

虽然罗尔斯逐渐更依赖于康德式的先验论而非理性选择模型来为其正义原则辩护，但其理论毕竟是在契约设计和理性选

1　Rawls, *Justice as Fairness: A Restatement*, pp. 97-104.
2　Rawls, *A Theory of Justice*, Revised Edition, pp. 103-104.

择的框架下进行的，因而对其作为理性选择模型的契约设计进行形式分析是完全切题的。下面将为修正罗尔斯理性选择模型提供一个初步的轮廓，即通过剔除罗尔斯方案的技术错误来使其理性选择模型严密化，至少在关键步骤，使正义原则可以被看作原初契约前提的逻辑结论。最后，将澄清这样做的意义。

修正时只需要具体改正第三个错误，即将虚拟契约的任务从设计分配规则改成设计合作规则，同时，小心避免重蹈前两个失误（误解帕累托最优和无理由的风险偏好设定）。修正后的原初契约可以被描述为：寻求自身利益最大化的多元理性行为者在无知之幕后共同磋商和选择相互合作的基本原则。在修正的契约论证中，推理可以分为三个步骤：第一步，从无知之幕和利益最大化中演绎出帕累托最优这一标准，这一步是严格演绎的；第二步，从帕累托最优这一标准推导出对完全竞争市场这一规则体系的选择，这一步是逻辑的，但需要经验和常识来克服如下困难：难以确证完全竞争市场是唯一符合帕累托最优标准的规则体系；第三步则是从完全竞争市场这一规则体系中抽取或解释出恰当的正义规则。

第一个步骤的推理如下：设想一个理性行为者考量是否认可一个规则体系，他认可的标准是该规则体系不得损害其利益；[1] 由此，一个能被所有理性行为者都接受的规则体系的标准

---

[1] 这里存在两个认可标准：弱标准（不损害其利益）和强标准（促进其利益）。基于两点理由本文采纳弱标准：一、弱标准更利于普遍认可的规则之形成；二、强标准中蕴含着利益无涉的行为者可否决其他利益攸关者之合作这样的荒谬结果。

是：该规则体系不能损害任何人的利益。然而，利益最大化这一条件蕴涵着符合不损害任何人的利益这一标准的诸多规则体系中最优的一个：在不损害任何人的利益的前提下能够最大化所有人的利益的那个规则体系，换句话说，符合帕累托效率标准的规则体系将是原初状态下的最优选择。由此，可以逻辑地将原初契约的条件转换为帕累托最优这一标准。实际上，这一步骤只是将竞争性一般均衡的行为条件代入该均衡模型。

第二个步骤依赖于前文已经论述过且获得数学证明的阿罗-德布鲁定理，即完全竞争市场的一般均衡状态符合帕累托最优。由此，理性行为者能判定，完全竞争市场这一规则体系是可选项。然后，诉诸经验克服选项非唯一性的困难：在社会生活诸领域及其理论模型中，还没有任何一个领域及其理论模型像完全竞争模型一样证明了帕累托最优的存在，[1]由此，完全竞争市场的规则体系暂时作为唯一现实的可选项被选择。

第三个步骤即从完全竞争市场这一规则体系中抽取或解释出那些最基本的规则并将之确立为社会合作的基本准则。在政治社会的基本原则问题上，当代社会契约论思想甚至更广泛的政治讨论主要围绕平等的自由权利和社会物质财富分配方案展开，此处的第三个步骤依赖这些背景讨论提供的导引性知识。当代广泛领域的政治思想家都认同平等的基本自由原则，而在基本自由的构成上则存在严重的分歧。罗尔斯的基本自由包括

---

1 参见第 19 页注 2。

宗教和良知自由、言论自由、结社自由、捍卫人格尊严的自由权利（如迁徙自由、职业自由以及个人财产权）、平等的政治参与的权利、维系法治所必需的一些权利。[1] 然而，虽然允许有限的个人财产权，罗尔斯却将作为生产手段的个人财产权从基本自由中剔除掉。[2] 另一方面，对于诺齐克、布坎南和弗里德曼等自由放任主义者来说，基本自由除了罗尔斯谈及的这些项目，还包括至关重要的经济自由：个人财产权以及契约自由。弗里德曼甚至认为个人财产权是最基本的权利，也是其他权利的一个根基。[3] 对个人财产权的定位还直接关涉国家是否或在何种程度上有正当权利干预社会物质财富的分配。因此争议的焦点在于个人财产权和契约自由等项目是否应该纳入平等的基本自由原则之中。在肯定良知和思想自由、政治自由等传统基本自由上，平等的自由主义和自由放任主义之间并不存在原则性的分歧，因此本文的修正设想也仅集中于基本的经济自由。

从完全竞争市场的规则体系中可以推导出个人财产权和契约自由等项目，因此，平等的基本自由原则应包括个人财产权和契约自由等项目。对基本的经济自由的推导依赖于这一事实：基本的经济自由是完全竞争市场这一模型的预设，整个完全竞争市

---

[1] Freeman, Samuel, Edited, "Introduction: John Rawls—An Overview," *The Cambridge Companion to Rawls*, Cambridge: Cambridge University Press, 2003, p. 36.

[2] Rawls, *A Theory of Justice*, Revised Edition, p. xvi.

[3] Friedman, Rose D. and Friedman, Milton, *Two Lucky People: Memoirs*, Chicago: University of Chicago Press, 1998, p. 605.

场模型就是对具有个人财产权和契约自由的现实经济的抽象描述。在完全竞争模型中,为了获致帕累托效率状态,各种要素资源(自然资源、资本、劳动、专业知识、技术和信息等)必须在利益最大化动机推动下被顺利配置到理想的位置即均衡点。为了实现这一过程,各要素的所有权状态必须明确并有便捷的转移机制,这样行为者才能利用自己排他性占有的资源并能通过交换获取别人占有的资源来实现最优生产和消费。由此,完全竞争市场要求对特定的要素资源具有明晰的、清楚分割的、排他性的控制和支配权利,确立个人财产权以及相应的契约自由等基本的经济自由。在西方政治思想史中,古典自由主义者都认同个人财产权并提供了至少三种辩护:洛克和诺齐克式辩护说个人财产权是个人自我所有权的一种自然延伸;休谟式辩护说个人财产权是个人有效行使自我所有权的必要前提;而康德式的辩护则认为个人财产权保证个体的独立性。[1] 提及这些古典自由主义者的论证显示将个人财产权列为基本自由权利是西方主流的做法。

在社会物质财富分配议题上,罗尔斯主张尽可能平均分配物质财富;诺齐克则强调政府并无权利对社会财富进行再分配,认为再分配是对公民个人财产权的侵犯;具有经验倾向的经济学家如弗里德曼和哈耶克等人原则上反对政府的分配功能,却不排除政府以有限的方式提供公共产品以缓解贫困。[2]

---

[1] Gray, *Liberalism*, pp. 61-68.

[2] Barr, Nicholas, *The Economics of the Welfare State*, 4th Edition, Oxford: Oxford University press, 2004, p. 45.

鉴于修正后的契约的目的并非要提供罗尔斯的公平正义原则的全面替代方案，而是严密化罗尔斯的理性选择模型，本文仅需指出：对个人财产权的确认将大大限制国家干预社会物质财富分配的正当权利，虽然这未必意味着要像诺齐克那样完全禁止国家的分配功能。

这里虽然只是局部地严密化罗尔斯的理性选择模型，但演绎出来的初步结果却与罗尔斯的公平正义原则相去甚远：国家干预主义是罗尔斯的差异原则中所蕴含的，而在修订方案中，个人财产权被接纳为基本自由权利并因而收窄了国家的正当的分配功能，排斥了所有制干预这种较激进的再分配形式。在政治哲学谱系上，如果说平等主义和自由放任主义代表着左右两种明显不同的取向，则修正方案从表面上看似乎通向自由放任主义或新自由主义（neo-liberalism），但实质上却只是缓和了罗尔斯的平等主义的自由主义中的较激进成分，意味着在政策上将罗尔斯的平等主义的自由主义立场拉向了某种中间状态，并非趋同于自由放任主义。

那么，对罗尔斯的理性选择模型的修正或严密化的意义何在？前文曾指出罗尔斯对公平正义原则的辩护有两条主要路径：理性选择模型的论证以及康德式的先验伦理论证。虽然在《正义论》中两条路径形式上统一在契约设计的框架下，两条路径却有着巨大的背离：严密的理性选择模型指示着正义原则的不同轮廓，罗尔斯不能依赖理性选择模型来支持其公平正义诸原则；而如果罗尔斯完全依赖于康德式的先验伦理论证，则罗尔斯的公平正义原则仅仅只是"自由而平等的道德人"这一道德信念的先验演绎之结果。[1] 本文对契约设计作为一种理性选择模型的严密化揭示了罗尔斯的契约理论内部的巨大分裂，而这种分裂则意味着貌似具有统合性的契约设计并不能为罗尔斯的正义诸原则提供实质性的辩护。

---

[1] 辩护自由权利的康德先验路径及其缺陷的一个简洁论述，参见 Gray, *Liberalism*, pp. 50-51。

正义的康德式诠释

评周保松《自由人的平等政治》

中国人民大学周濂不仅提供了关于反思均衡在罗尔斯的道德方法学上具重要性的意见,还严格了本文的术语和写作规范;中国石油大学赵成文使我注意到应奇的相关论述;华东师范大学成庆、崇明,复旦大学吴冠军、日本东京大学王前的批评促成了本文中对周保松的"自主伦理—客观善"的契合论所作分析的形成。另外华东师范大学许纪霖老师提醒我本文未能关注到周保松正义论述中的中国问题意识。特此表示感谢,文责自负。

编者按:本文原刊于《开放时代》2011年第4期。

一

　　财产应该如何分配？政府是否应该干预资源和财富的分配以缩小社会的贫富悬殊甚至寻求一个大体上平等的社会？其正当理由何在？追求平等是否会损害弥足珍贵的自由权利？这一系列有关平等与自由的关系问题俨然成了划分当代政治思想光谱的界碑之一。基于对权力的警惕或对自由市场的效率之认同或对个体自由意志的捍卫，哈耶克、弗里德曼、诺齐克等人主张小政府大市场，坚决反对政府的经济干预以及随之而来的对私有财产权的侵犯。这些思想家将自己的主张回溯到19世纪的古典自由主义的自由放任（laissez faire）传统以申明自身的正统位置，不过却仍然被标签在保守主义或放任自由主义（libertarianism）的旗号下，以至弗里德曼愤愤不平地强调只有自身所属的思想传统才真正配得上那已经被僭取的自由主义（liberalism）之名。[1] 而"僭取"自由主义之名的则是一个在继续维系政治自由和公民权利的同时给予平等以更重要位置的思想传统。这一传统甚至可以回溯到约翰·密尔对生产领域和

---

[1] 米尔顿·弗里德曼：《资本主义与自由》，张瑞玉译，北京：商务印书馆，2004年，第8—10页。

分配领域的区分，[1] 经由霍布豪斯（L. T. Hobhouse）对"工作权"和"基本生活工资权利"的强调、[2] 凯恩斯的干预主义和福利国家的政治实践，最后汇合为以罗尔斯为代表的平等主义的自由主义（egalitarian liberalism）思想体系。

罗尔斯之所以被誉为当代自由主义的代表性人物，至少与其思想的四个显著特点密切相关：第一，罗尔斯在《正义论》中提出的正义两原则[3] 高度浓缩地表达了个体自由和平等这两大现代政治诉求并为之安排了有理据的平衡；第二，借助于社会契约论思想模型和无知之幕等设置，罗尔斯采纳了理性选择等分析方法，从而给予其政治哲学思考以一种近乎演绎的清晰性；[4] 第三，在其契约论模型和无知之幕等设置背后，罗尔斯对所涉及的基本概念做出了相应的道德诠释。这固然大大复杂化

---

1 列奥·施特劳斯等（编）：《政治哲学史》，李洪润等译，北京：法律出版社，2009年，第800页；Gray, John, *Liberalism*, Stony Stratford: Open University Press, 1986, p. 30。

2 霍布豪斯：《自由主义》，朱曾汶译，北京：商务印书馆，2007年，第80页。

3 "1. 每个人对与所有人所拥有的最广泛平等的基本自由体系相容的类似自由体系都应有一种平等的权利。2. 社会和经济的不平等应该这样安排，使它们：a. 在与正义的储存原则一致的情况下，适合于最少受惠者的最大利益；并且，b. 依系于在机会公平平等的条件下职务和地位向所有人开放。"第一条原则即平等的自由原则，第二条原则常常可以简化地称为"差异原则"，主张社会资源和财富的分配向最少受惠者倾斜。约翰·罗尔斯：《正义论》（修订版），何怀宏等译，北京：中国社会科学出版社，2009年，第267页。

4 周濂倾向于认为，罗尔斯实际上并未追逐"道德几何学"的理想，而其道德方法学中最关键的是反思平衡的方法，即一种搁置道德真理判断，将业已内在接受的东西铺陈出来的融贯论方法。见周濂：《反思的均衡与道德语法》，载陈嘉映（主编）：《教化：道德观念研究》，上海：华东师范大学出版社，2009年，第61—80页。

了其理论，却也极大地增进了其理论的包容性；第四，罗尔斯对其正义理论持一种谦逊的开放态度，甚至后期转向政治自由主义以回应多元社会的现实。难怪诺齐克说，《正义论》之后的政治哲学家，要么在罗尔斯的框架内工作，要么必须解释为何不这么做。[1]

周保松的《自由人的平等政治》就是站在罗尔斯的框架内来展开自由主义探究的最新力作。这部书的基调是对罗尔斯政治思想的解读。在罗尔斯的自然秉赋（natural endowments）论述上，周保松与金里卡的主流诠释展开论争：依据金里卡，罗尔斯在个体不能为之负责的环境（circumstance）和个体需要为之负责的选择（choice）之间做出了根本区分，因而消除自然秉赋对财富分配的影响是为了实现机会平等的理想；周保松则认为，罗尔斯没有在环境与选择之间做出区分，因为没有完全独立于环境之外的纯粹选择。罗尔斯的正义原则甚至不涉及应得（desert）概念，其将自然秉赋视为公共资产反映了一种博爱的意识。在罗尔斯的"正义感的优先性"论述上，周保松更毫不犹豫地拒绝了桑德尔的道义论诠释（deontological interpretation）：桑德尔认为道义论在道德上和证成上解释了"正义"对"善"的优先性，甚至这种道义论是当代以罗尔斯为代表的自由主义的共享特征。周保松则争辩说：道义论无法

---

[1] 罗伯特·诺奇克：《无政府、国家和乌托邦》，姚大志译，北京：中国社会科学出版社，2008年，第218页。

处理正义的优先性所涉及的道德动机问题；罗尔斯实际上引入了客观善的目的论，并在善的目的论与个体的自主伦理的契合中解释正义的优先性。

然而，《自由人的平等政治》一书的主要价值却不仅仅体现在对罗尔斯思想的深度解读，而且还表现在周保松这样的一种颇具气魄的理论诉求：试图通过修正罗尔斯理论的某些内在缺陷来完善和发展罗尔斯式的自由主义，并回应自由主义遭受的挑战：在拒绝了道义论诠释之后，基于对罗尔斯后期政治自由主义路径缺陷的认知，周保松初步强化了个体自主伦理与客观善的目的论之契合这样一条诠释路径，并力图据此抗辩施特劳斯以及甘阳以虚无主义之名对自由主义进行的指控。

就笔者对中文学界罗尔斯研究狭隘的了解，周保松此书对罗尔斯研究所达到的水平，或许唯有石元康先生早年的《罗尔斯》[1]一书可比。石元康先生早在20世纪80年代就对罗尔斯的契约论证提出了有力的批评，从而参与到当时与罗尔斯的理论争辩之中，在中文学界具有领先的学术意义；而周保松现在对罗尔斯思想的整全把握和克服罗尔斯理论缺陷的出色努力，则毫无疑问将中文学界的罗尔斯研究推进到了一个新的高度。不过，在笔者看来，在解读和推进公平式的正义理论时，周保松似乎过于依赖"康德式诠释（Kantian interpretation）"的维度。由此造成的后果则是，一方面，对差异原则的唯道德辩护

---

[1] 石元康：《罗尔斯》，台北：东大图书公司，1989年。

削弱了差异原则在证成上的可信度；另一方面，在发展一种康德式的个体自主伦理与客观善的目的论的契合论时，似乎尚未能完全应付虚无主义的指控。以下笔者先简单介绍《自由人的平等政治》一书的基本内容。

《自由人的平等政治》分为七章，另附了一个结语和一个满怀深情的跋，相当于思想自传。其中第七章讨论康德《论永久和平》中的国家主权与永久和平的思想，只与罗尔斯后期发展的国际正义理论相关，因此在全书中位置较为疏远。

第一章提供了对罗尔斯《正义论》的一个鸟瞰式的介绍。在这里周保松阐明了《正义论》中的一些基本概念，通过对比显示了罗尔斯正义观的独特之处，讨论了罗尔斯的道德方法学、正义观的应用及其稳定性问题。值得关注的是第 4 节中对正义原则的证成理据的说明可谓提纲挈领。在这里周保松指出："罗尔斯的两条正义原则，其实反映了他对自由及平等的理解。他对自由人的诠释，推导出自由原则及其优先性；对平等的理解，则引导出差异原则。……原初状态扮演的是启发性（heuristic）而非定义性的（definitional）角色，只作为一代表性的手段（representative device），将种种有关社会正义的判断及要求有机地结合起来，并得出一组最符合我们深思熟虑的道德信念的正义原则。"[1]

第二章和第三章为一个单元。第三章中对作为资本主义的

---

[1] 周保松：《自由人的平等政治》，北京：生活·读书·新知三联书店，2010 年，第 22 页。

道德前提的放任自由主义的分析，其根本意图可以理解为否定竞争性资本主义作为一种分配制度安排的合理性。这可以视作对差异原则辩护的一个补充，因而第二章对差异原则的辩护是主要议题。依据周保松对罗尔斯的诠释，人所具有的正义感的能力和实现善观念的能力构成获得平等对待的充分理由；在自然秉赋被当作公共资产的时候，每个道德人所拥有的否决权导致了差异原则的选择。选择差异原则的"真正原因，是作为道德人，每个人都应当受到平等对待，这反映在每个人都具有否决权：任何原则必须得到每个参与者的同意。最弱势者愿意接受差异原则，因为它较平等分配更为有利。至于秉赋占优者，亦没有道德上的理由投诉这样不公平，因为他们知道这些秉赋的分配纯属偶然，和应得无关"。[1] 周保松甚至强调：契约本身对差异原则的证成甚至并非必要的。因为整个推理并非从原初状态中理性自利的立约者的角度来考虑的，而是从道德平等的社会合作者来考虑的。

在第四章中，周保松抗辩了施特劳斯以及甘阳对罗尔斯式自由主义的指控。施特劳斯将自由主义理解为虚无主义的后果。依据施特劳斯的解释，激进历史主义以及事实与价值的分离促成了虚无主义的出现。虚无主义认为没有善恶、对错、好坏、正义与否的客观标准。"因为自由主义接受了虚无主义的价值观，才会大力鼓吹所谓的宽容（toleration）精神，才会任

---

[1] 周保松：《自由人的平等政治》，第62页。

由人们对于种种价值问题作出自由抉择。"[1] 周保松的抗辩围绕着宽容概念沿两个路向展开，一方面指出了施特劳斯在引出虚无主义时逻辑推导上的问题，因为不能从"不能获得关于绝对好和绝对正确的真正知识"推论出"所有的偏好和所有的文明都是同样好同样值得尊重的"。[2] 另一方面，通过梳理自由主义传统中洛克、密尔和罗尔斯的宽容概念，彰示宽容绝非蕴含道德的虚无。依据周保松的论述，罗尔斯的自由平等的道德人概念蕴含的个人自主是追求幸福生活的条件，而追求过程中因选择需要真心真意的认可、因可能涉错而需要反省等理由导致了对宽容的需要。因此，宽容"是现代社会值得珍视的一项成果，而不是施特劳斯所称的现代性危机"。[3]

第五章和第六章构成一个单元。在这里周保松处理了罗尔斯关于正义的稳定性论题，并展现出全书中最具原创性的思考。所谓稳定性问题就是要说明拥有各自的善观念的公民们何以能够尊重正义原则的优先位置。周保松认为，罗尔斯没有在道德稳定性（正义原则的基于道德理由的优先性）和社会稳定性（正义原则的可行性，即能有效维系有序的社会）这两种理解稳定性问题的路径中做出清晰的区分，左右摇摆，并且最后选取了社会稳定性的路径。从社会稳定性的路径来看，"传统的自由主义作为众多整全性学说中的一种，根本无法提供社

---

[1] 周保松：《自由人的平等政治》，第111页。
[2] 同上书，第113页。
[3] 同上书，第143页。

会统一的基础"。[1] 由此，罗尔斯对其早期理论做出重构，放弃了康德式的自由主义理论，改为倡导政治自由主义，诉诸民主社会共享的政治文化，使得正义观念成为不同的整全性学说的交叠共识。同许多其他学者一样，周保松认为罗尔斯这种政治自由主义的转向是有重大缺陷的。因为社会稳定性问题并非道德正当性范畴，将其引入正义观意味着巨大的道德妥协，削弱了公平式的正义的道德吸引力。周保松不赞同罗尔斯后期的政治自由主义转向，而挖掘和诠释了罗尔斯后来放弃的道德稳定性路径来解决稳定性问题。依据周保松的分析，在"正当"与"善"的关系上，桑德尔对罗尔斯的道义论诠释并不恰当：在没有更多理由支持下，无缘无故给予正义感这一道德动机绝对的优先性，是非理性的。而罗尔斯理论中蕴含着"正当"与"善"的相互契合。由此路径，只需要论证正义感是个体人生计划中最重要的"善"。周保松认为，对公平式的正义的"康德式诠释"能提供最强有力的理由来解释正当与善的契合。人的本性是自由平等的理性存有，这体现了人的自主（autonomy）；公正行事的欲望和表达我们作为自由道德人的欲望，实际上是同一个欲望；而正义的优先性则是为了有效实现自由人的平等本性。在这种意义上，罗尔斯的理想"是一种自由人的平等政治"。[2] 周保松判断，这种"自主伦理－客观善"

---

[1] 周保松：《自由人的平等政治》，第159页。
[2] 同上书，第200页。

契合式的伦理观，更接近柏拉图和亚里士多德式的古典目的论。在阐发了这一德福契合论进路之后，周保松审慎地承认，这种"自主伦理－客观善"契合的论证与现代世界的时代精神即文化多元主义有遥远的距离。这意味着任何沿此路径的进一步推展都将面临巨大的挑战。

二

在笔者看来，《自由人的平等政治》一书中存在两个或许可商榷的问题。这两个问题都与周保松对自由平等的道德人这种康德式诠释的依赖有关。第一个涉及差异原则的证成；第二个涉及"自主伦理－客观善"的契合论以及据此对虚无主义的抗辩。

第一个问题是这样的：认为契约论装置可有可无，单单依赖自由平等的道德人对差异原则的唯道德辩护削弱了差异原则在证成上的可信度。而周保松似乎就采取了这样一种路径。事实上，单单从自由平等的道德人中演绎不出差异原则。道德人身份可以因应不同的历史语境而支持不同的分配原则：在19世纪可以在维系政治和法律平等的基础上支持自由放任，而在20世纪则可以支持差异原则这样一种更强调经济平等的分配方案。这完全取决于对平等的特定理解。道德人身份对差异原则的排他性支持是诠释出来的，而不是直接演绎出来的。事实上在对差异原则的推理中无知之幕的装置起的作用是必不可少的：一方面建构了一个契约模型，在此模型中满足相应条件使得差异原则成为自利的经济人的理性选择。[1] 罗尔斯念念不忘要使其正义原则的推导具有几何学的严密性，当指无知之幕后的理性选择成分而言。[2] 另一方面，契约论模型也缓和了由道德人直接推演出具体分配原则这种做法过强的道德色彩。在契约模型中，道德人扮演的角色是支持将自然秉赋解释为公共资产，克服从自利的立约人到现实的公民过渡时面临的身份张力。因此，差异原则的证成，既少不了契约设计中的自利理性人的理性选择（这使得严格的演绎成为可能），也少不了自由平等的道德人（解释了契约模型的合理性，也弥合了自利的契约人与具正义感之公民间的张力）。而周保松的诠释单单依赖对道德人身份的诠释，这在某种意义上削弱了差异原则在证成上的可信度。

第二个问题涉及周保松构想的"自主伦理－客观善"契合论路径并以之对虚无主义的抗辩。笔者以为，《自由人的平等政治》在抗辩施特劳斯以及甘阳的虚无主义指控时虽然初步指出了一条整合康德式的自主伦理和客观善的目的论的契合路径，但就已经完成的工作来看，这一契合论的真正动人之处恰好在于展现了自由主义所面临的虚无主义深渊。

---

[1] 当然这种推导过程还须面临技术上的质疑。笔者曾指出罗尔斯在推导差异原则时的几个困难，尤其是无根据的风险偏好假设。不过这些技术困难理论上可以通过调整而克服。参见江绪林：《解释和严密化：作为理性选择模型的罗尔斯契约论证》，载《中国社会科学》2009年第5期，第68—69页。

[2] 约翰·罗尔斯：《正义论》（修订版），第92—93页。

西季维克曾指出过康德的自主伦理学中的一个问题，即混淆了"理性的自由"和"中性的或道德的自由"。理性的自由即独立于欲望的控制或道德上美善的生活，而中性的自由指的是"自由地选择为善还是为恶"。这一问题可能导致这样一个尴尬局面：一个过着邪恶生活的恶棍，可以跟一个过着善良生活的圣者一样表现出个性和自由选择的自我。依据罗尔斯，康德的问题在于遗漏掉了表现（expression）这个概念。也就是说，不是每个现象自我的行为都表现了自由的、平等的理性存有的本质。在《正义论》第40节，罗尔斯认为自己可以克服这个困难：原初状态下选择的正义原则才真正表现了自由平等的理性存有的本质。[1] 然而，甘阳认为罗尔斯并没有解决问题："康德没有意识到他在两种意义上使用'自由'一词，亦即一种意义的'自由'就是主体独立于欲望的控制等等，另一层意义的'自由'则是去'自由地选择作善还是作恶'。从第一层的自由推断不出有这样'自由'的人一定选择'作善'。罗尔斯特别应用了西季维克的这个批评，认为西季维克对康德的批评是决定性的。但罗尔斯认为他自己的'原初状态'解决了康德似乎未能解决的问题。但我们似乎看不出罗尔斯在什么意义上比康德解决得好，……何以见得这个彻底自由的人一定选择把人当目的，却不会选择偏偏要把人当手段？何以见得这个被无知之幕搞得连自己是男是女都还不知道的自由人一定会选择

---

[1] 约翰·罗尔斯：《正义论》（修订版），第200—201页。

'正义原则'而不是偏偏选择弱肉强食呢？"[1]

应奇在一篇回应文章中对自由传统和概念做了细致的梳理，指出了甘阳对两种自由的颠倒错用。应奇指出，罗尔斯的原初状态试图克服消极自由和积极自由之间的尖锐对立，其基本自由试图抽取自由民主传统的全部精义。应奇将罗尔斯的公平式的正义理解为一种"社会政治哲学"的进路："罗尔斯的康德式解释的关键之点就在于把自律与选择联系在一起，而且把作为一个本体自我的个人选择假设为一个集体的选择。在这样的状态下，恶棍的原则将不会被选择，这种选择也不能表现他们真正的自我。"[2] 然而应奇对罗尔斯的诠释似乎并未能完全应对甘阳的挑战。确实，在原初状态这种特殊的集体选择的情况下选择做恶棍不能表现真正的自我，然而个体自由涉及的选择肯定远远超出集体选择的范围。而且在基本的伦理学含义上讲，也没有理由表明个体选择或非集体选择溯源于集体选择或受制于集体选择。

周保松则在一种康德式的自主伦理与客观善的目的论的契合路径中直接面对和回答了甘阳的挑战。周保松提出了两个论点：第一，选择并非使某些活动有价值的必要或充分条件，而

---

[1] 甘阳：《政治哲人施特劳斯：古典保守主义政治哲学的复兴》，载列奥·施特劳斯：《自然权利与历史》，彭刚译，北京：生活·读书·新知三联书店，2006年，"导言"，第52页。
[2] 应奇：《康德、西季维克与两种自由——甘阳〈政治哲人施特劳斯〉纠谬》，载《知识分子论丛》第二辑《共和、社群与公民》，许纪霖（主编），南京：江苏人民出版社，2004年，第111—123页。

是使这些活动与生命连接起来，使得我们有动力去实现这些活动的价值；第二，存在着客观的善。周保松是这样陈述的："这牵涉到自由主义对人生的理解。我们只能活一次，而生命完全属于我们自己。我们在乎自己。我们希望活得精彩，过得丰盛。而人作为有自我意识及目的性的动物，我们的行动并不只是由本能推动。当基本的生活需要得到满足以后，人自然有更多更高的追求，例如我们在不同领域追求卓越；我们透过生产和创造，展现人的原创性；我们关心灵魂的完善和救赎；我们盼望得到别人的认同和尊重；我们重视各种人际关系。这些东西，是构成美好人生的重要元素。"[1]

重要的是，周保松直接肯定了个人幸福和客观善的存在。两个论点的策略是将客观善的目的论成分引入到康德式的自主伦理，形成一个"个人自主－客观善"的契合论论述。周保松认为两者之间是可以契合的，两者并不相互撤销："我们应认识到，'一种活动需要得到某人的认同接受，才变得对其有意义'和'一种活动本身可以独立于一个人的选择而对人有价值'两者是可以并行不悖而同时成立的。……重视个人自主和肯定价值的客观性，两者没有冲突。"[2] 在分析罗尔斯关于人的道德平等的基础问题时，周保松还为自主伦理学和客观善的目的论的契合给出了一个可行的模式。罗尔斯认为道德平等的基

---

[1] 周保松：《自由人的平等政治》，第134页。
[2] 同上书，第137页。

础在于人具有正义感和善观念的能力。然而人的正义感和善观念能力是否是人的一种自然特征呢？若如此，则从自然事实如何产生出平等这一规范的道德约束力？在思考此问题时，周保松主张：人的道德能力与其他能力完全不同，人的道德能力是道德人不可缺少的构成要素。这意味着人天生就具有道德的能力，甚至可以认知到正义甚至客观的善。[1] 约翰·菲尼斯（John Finnis）在分析自然法时采取了类似路径，即认为人的实践理性可以直接把握到无源出的自然法原则，而规避了休谟的从事实到规范的非法推论问题。[2] 不过，周保松在此处的探讨相当简单，也没有指明自己的思想渊源。

　　这种个人自主和客观善契合论路径的一些要素在自由主义思想史上并非无迹可寻。在《论自由》中密尔就曾强调过自主选择在个性发展和幸福生活中的关键位置："但是行动的独立性以及对于习俗的蔑视之所以值得鼓励，还不是只因为它们对于较好的行动方式以及更加值得一般采纳的习俗能够提供脱颖而出的机会；也不是说只有具有确定的精神优异性的人们才可以正当要求按照自己的道路过他们的生活。说一切人类存在都应当在某一种或少数几种模型上构造出来，那是没有理由的。一个人只要保有一些说得过去的数量的常识和经验，他自己规划其存在的方式总是最好的，不是因为这方式本身算最好，而

---

[1] 周保松：《自由人的平等政治》，第 65—68 页。
[2] 约翰·菲尼斯：《自然法与自然权利》，董娇娇等译，北京：中国政法大学出版社，2005 年，第 26—34 页。

是因为这是他自己的方式。"[1] 以赛亚·伯林也以他一贯不确定的语气说："（那些因为自由本身的缘故而看重自由的人相信）自由就是选择而不是被选择，这是人之为人的不可让渡的组成部分。"[2] 而且，对于伯林来说，价值和客观善的存在也是不容置疑的。然而伯林又批评密尔对客观真理的信念是"经验主义形式下的老式客观主义"，[3] 因为在伯林看来，密尔仍倾向于永恒唯一的真理，而伯林以为："完美的世界，最后的解决，一切美好事物和谐共存，这样一些概念，对我来说，并不仅仅是无法实现的——这是不言自明的道理——而且它在概念上也不够圆融：我不能够理解，这种和谐究竟意味着什么。有些至善（Great Goods）是不能够共存的。"[4]

然而此处对密尔和伯林的简单引述似乎就展示了契合路径在引入客观善的时候可能遭遇到的一个问题：在价值和客观善上的古典目的论或古典自然正当理论与现代多元主义的冲突。古典目的论或自然正当理论认为存在着人的自然构成（natural constitution）的等级秩序，而这一等级秩序为自然正当的、美善的生活提供了标准。"善的生活就是与人的存在的自然秩序相一致的生活，是由秩序良好的或健康的灵魂所流溢出来的生活。善的生活简单说来，就是人的自然喜好能在最大程度上按

---

1 约翰·密尔：《论自由》，许宝骙译，北京：商务印书馆，1959年，第79—80页。
2 以赛亚·伯林：《自由论》，胡传胜译，南京：译林出版社，2003年，第58页。
3 同上书，第48页。
4 以赛亚·伯林：《扭曲的人性之材》，岳秀坤译，南京：译林出版社，2009年，第17页。

恰当秩序得到满足的生活，就是人最大程度地保持头脑清醒，就是人的灵魂中没有任何东西被虚掷浪费的生活。善的生活就是人性的完美化。"[1] 而伯林等多元主义者则认为存在诸多、不可公约、不可调和、不可共存的善的观念。这些善观念之间的分歧是不可解决的。"最后解决的可能性——即使我们忘掉了在希特勒的时代这个词的可怕含义——将被证明只是一种幻觉，而且是非常危险的一种幻觉。"[2]

事实上，虚无主义并不否认价值或善好的存在，虚无主义只是认为没有善恶、对错、好坏、正义与否的客观标准，因此无法在诸多价值和善好之间排序。依据施特劳斯，这一切都是对自然正当的拒绝所造成的。"当代对自然正当理论的拒斥就导向了虚无主义——不，它就等同于虚无主义。"[3] 施特劳斯如是说。

既然价值和善好总面临着古典自然正当或现代多元主义两种解释的可能性，那么在引入客观善的时候，周保松首先就需要在古典目的论或自然正当理论和现代多元主义之间做一个选择。事实上周保松对此是有清晰方案的。周保松说："公平式的正义的康德式诠释……呈现的其实是一种古典目的论的证成结构，即正当和'好'根本并非彼此独立，而是有着同样的

---

1 列奥·施特劳斯：《自然权利与历史》，第 128 页。
2 以赛亚·伯林：《扭曲的人性之材》，第 18—19 页。
3 列奥·施特劳斯：《自然权利与历史》，第 5 页。此处引用时将"自然权利（natural right）"改为了"自然正当"，这是吻合施特劳斯原书和中译者的意图的，参见该书序言第 84 页处中文版编者注。

根源。……正当原则的证成,即不独立于'好',也不在不同人生观中保持中立,而是奠基于某种特定的人性观,这种人性观界定了什么是人最重要的'好',并促使人有最高序的欲望去实践人的本性。这种德福契合式的伦理观,其实更接近柏拉图和亚里士多德式的古典目的论。"[1]这样看来,在解释客观善的时候,周保松其实选择了古典自然正当理论。这一诠释并没有什么疑惑之处,尤其是考虑到周保松在该书第五章和第六章中对罗尔斯后期的政治自由主义的拒绝。

如若能在契合论中有效地引入古典自然正当的善,则辩护自由主义的事业似乎能获得一个坚实的基础。然而,对古典自然正当的引入,却似乎带来了一个更大的疑惑:施特劳斯不是恰好站在古典自然正当立场上将自由主义指控为虚无主义的么?自由主义不正是因为无法辨识善好的等级次序、无法给各种善的概念排序才诉诸自由和宽容这些形式化的概念的么?果真如此,周保松如何还能引入自然正当来为自由主义辩护?考虑到其对罗尔斯后期的政治自由主义的拒绝,周保松岂非恰好站在施特劳斯的古典正当理论立场上拒绝了罗尔斯式的政治自由主义?那周保松的努力还算是一种自由主义的辩护吗?

为了澄清这一问题,需要检查契合论中的另一个要素即康德式的自主概念。康德的自主概念可以直接追溯到卢梭,而按照施特劳斯的提法,是卢梭创造了"自由的哲学":在卢梭

---

[1] 周保松:《自由人的平等政治》,第201页。

看来，自由是比生命更高的善，自由等同于德性或善，自由就是服从于个人对自己的立法，自由本质上就是自我立法。[1]而康德的自主概念是对卢梭的自由概念的更严密的论述。"服从自我规定的法这个意义上的自由概念，以及使欲望普遍化以保证他们的合法性的思想，归根到底是出自卢梭《社会契约论》中的学说。"[2]在卢梭的自由以及康德的自主那里，"道德律（moral law），作为自由之律令（laws of freedom），便不再被理解为自然法（natural laws）了。道德理想与政治理想的建立无须考虑人的自然本性：人彻底摆脱了自然的监护。……关于未来、关于人应当做什么或渴望做什么的唯一指导，只能由理性提供。理性取代了自然。这便是如下断言的意义：应当的根基无论如何不在存在之中"。[3]因此，康德的自主概念甚至卢梭的自由概念[4]完全可以说脱离了古典的自然正当，而从属于现代的范畴，其中直接蕴含和开启了现代多元论，正是后者遭受了施特劳斯所谓的虚无主义指控。

澄清了客观善和自主伦理各自的理论内涵，则周保松构想的契合论路径的真实位置或意图似乎就依稀可见了：在克服虚

---

[1] 列奥·施特劳斯：《自然权利与历史》，第284—287页。
[2] 列奥·施特劳斯等编：《政治哲学史》，第583—584页。
[3] 列奥·施特劳斯：《现代性的三次浪潮》，贺照田编，《西方现代性的曲折与展开》，第95—96页。
[4] 自由概念极为复杂，最简单的情况也涉及伯林在"积极自由"和"消极自由"之间的区分。然而此处自由的基本含义"自我立法"蕴含了现代多元主义则是显然的：个体服从于个体对自己的立法，这逻辑上蕴含着有多少个体就可能有多少种（甚至不兼容）的立法。

无主义指控的努力中，周保松力图将古典的自然正当和现代的自主概念糅合到一起。这一结论不是没有理据的：周保松力图为自由主义辩护，同时却拒绝了罗尔斯的政治自由主义并试图引入古典自然正当理论或柏拉图式的古典目的论。

将古今糅合在一起，听起来鼓舞人心，然而这可能么？本文不便妄下论断，只是指出一个事实：前面我们曾说，施特劳斯站在古典自然正当的基础上来批评自由主义，这一事实起码表明引入自然正当理论为自由主义作辩护之路绝非坦途。由于周保松的《自由人的平等政治》基本上还只是表达了契合古典自然正当与康德式自主概念的意向，具体的理论建构尚有待进一步展开。因此，可能性评估就只能暂付阙如。就《自由人的平等政治》已经完成的工作而言，该书虽致力于在虚无主义指控面前为自由主义提供一种初步的辩护工作，其辩护路径的真正动人之处却恰恰在于有力地呈现了自由主义所面临的虚无主义深渊。

为什么是正义?

本文的构思得益于周保松、葛四友、刘擎、钱永祥和谢世民等师友参加的一个关于"应得（desert）"在分配正义中的位置的富有智识刺激性的讨论。香港中文大学石元康先生、香港大学慈继伟先生为本文提供了重要意见。

20世纪下半叶以来,"正义(Justice)"论述突然变成了政治哲学和公共论域中的最主流话语。英美政治思想界的诸多主流人物都对正义问题进行了重要论述。在1971年出版的《正义论》中,约翰·罗尔斯提出了正义两原则,推动了从元伦理学(meta-ethics)向实质性伦理学的转向,[1]并发展了一种平等主义的(egalitarian)分配正义(distributive justice)观。1974年诺齐克在《无政府、国家和乌托邦》一书中辩护了一种以自由市场为典范的自由意志主义的(libertarian)分配正义观,与罗尔斯的平等主义针锋相对。麦金太尔(Alasdair MacIntyre)在《追寻美德》(1981)中主张说,罗尔斯和诺齐克的正义观都不当地削弱或取消了应得(desert)的地位。[2]桑德尔在《自由主义与正义的局限》(1982)中批评说,以罗尔斯为代表的道义论的正义观预设了一个没有道德深度的、无拘无束的自我(unencumbered self)观念。[3]同年沃尔泽

---

[1] Habermas, Jürgen, "Reconciliation Through the Public Use of Reason: Remarks on John Rawls's Political Liberalism," *The Journal of Philosophy* Vol. 92, No.3, March 1995, p. 109.

[2] 麦金太尔:《追寻美德》,宋继杰译,南京:译林出版社,2003年,第317页。

[3] 迈克尔·桑德尔:《自由主义与正义的局限》,万俊人等译,南京:译林出版社,2001年,第113页,第217页。

(Michael Walzer)发表《正义诸领域》(1982),提出了一种维护各种善的自主性,反对支配的多元主义的分配正义观,并且指出对善的分配与善的构思和创造密不可分。[1] 巴里(Brian Barry)则发表了《正义诸理论》(1989)和《作为公道的正义》(1995)等书,对正义理论中的理性选择和道义论两种传统做了细致入微的梳理。这一正义话语的潮流甚至越出了英美传统,在大陆传统的法兰克福学派中也激起诸多涟漪。如霍耐特(Axel Honneth)在《为承认而斗争》(1992)中就试图将正义和权利等观念纳入到"承认"这一规范的概念框架之中。[2] 而弗雷泽(Nancy Fraser)则在《再分配,还是承认?》(2003)中批评说霍耐特的承认的元叙事因为没有经验的参照点而失去了批判力量;相反,注重现实经验的弗雷泽提出了一种包含承认和再分配的二维正义观。[3] 由此可见,在政治哲学中,正义论述俨然成了统治性的话语。这一点仿佛印证了罗尔斯在《正义论》首页中开宗明义的宣称:"正义是社会制度的首要德性,正像真理是思想体系的首要德性一样。……每个人都拥有一种基于正义的不可侵犯性,这种不可侵犯性即使以整

---

1 迈克尔·沃尔泽:《正义诸领域:为多元主义与平等一辩》,褚松燕译,南京:译林出版社,2002年,第1—25页。
2 阿克塞尔·霍耐特:《为承认而斗争》,胡继华译,上海:上海人民出版社,2005年,第135页。
3 南希·弗雷泽:《再分配,还是承认?》,周穗明译,上海:上海人民出版社,2009年,第15—29页。

个社会的福利之名也不能逾越。"[1]

然而,正义或分配正义话语并非向来总是政治思想中的主流论述。柏拉图的《理想国》的主题虽然是正义,然而其正义却是一种广义的道德概念,指的是灵魂或城邦的一种理想的等级秩序,并且从属于至善理念。在亚里士多德那里,只有狭义的特殊正义(particular justice)才涉及功勋、荣誉以及财物的分配和补偿,而广义的普遍正义(universal justice)则是一种完善的美德(complete virtue),是一种处在与他者关联中的个体的卓越或完善状态,是个体的一种合(自然)法的倾向。[2]查士丁尼主持编撰的《法学阶梯》这样定义正义:"正义是给予每个人应得的部分的这种坚定而恒久的愿望。"[3]然而这一定义却是在法律和司法的专门语境中给出的。在奥古斯丁和阿奎那的神学那里,正义更是退居边缘的位置,因为基督教的仁慈(charity)的神学美德成了奠基性的概念,进一步铸改了古典的德性概念。[4]启蒙运动以来,居于主导话语的有洛克的自然权利理念(17世纪)、卢梭的自由和康德的自律理念(18世纪)、密尔的自由和个体性(individuality)理念。大致而言,

---

[1] 罗尔斯:《正义论》(修订版),何怀宏等译,北京:中国社会科学出版社,2009年,第3页。

[2] The Cambridge History of Greek and Roman Political Thought, edited by Christopher Rowe and Malcolm Schofield, Cambridge: Cambridge University Press, 2005, pp.350-353.

[3] 查士丁尼:《法学总论——法学阶梯》,张企泰译,北京:商务印书馆,1989年,第5页。

[4] 麦金太尔:《追寻美德》,宋继杰译,第195—196页。

启蒙运动以来，似乎自由以及相伴随的概念才是最重要的政治理念，这甚至反映在伯林1958年的著名演讲《两种自由概念》中。直到伯林演讲发表之际，与自由或权利理念相比，正义似乎也未成为主流话语。考虑到这样的背景，下述问题是令人好奇的：从20世纪下半叶起，正义或分配正义论述为何会变成政治思想中的统治性话语？本文试图围绕着罗尔斯的思想为这个问题提出一个初步的、线索式的解释。

一、正义与自由

阿巴拉斯特（Antony Arblaster）认为罗尔斯把正义理念推到了自由主义的思考中心，而这标志着自由主义传统内部的一个显著的进步或更新。[1] 这也反过来表明，正义与自由主义的理念或自由有着极为密切的关联，正义话语是自由论述的直接延续。

罗尔斯的正义原则是用分配正义的话语来论述的。正义两原则是一个更一般的正义观的展示，该一般正义观要求："所有的社会价值——自由和机会、收入和财富、自尊的社会基础——都应该平等地分配，除非所有这些价值或其中任何一种价值的不平等分配有利于每一个人。"[2] 在展开后的正义两原

---

[1] 安东尼·阿巴拉斯特，《西方自由主义的兴衰》，曹海军译，长春：吉林人民出版社，2004年，第444页。
[2] 罗尔斯：《正义论》（修订版），何怀宏等译，第48页。

则中，第一条原则是平等的基本自由原则，该原则规定公民都享有尽可能多的、与其他人所享自由权利兼容的自由权利。第二条原则是机会的公平平等原则和差异原则的综合，这一原则要求在保证机会的公平平等条件下，资源和社会财富的分配应该尽可能使得最少受惠者获得最大利益。这里的关键在于正义的第一原则具有对于第二原则的一种词典式的（lexical）优先性。也就是平等的基本自由原则始终必须优先满足，而不能以牺牲基本自由为代价去满足福利或效率方面的要求。

在罗尔斯那里，自由在正义体系中所具有的优先位置恰好表明，正义话语处理的不仅仅有（资源）分配问题，而且有自由问题。因此正义话语并未与自由论述构成巨大的裂隙，相反两者之间倒是一脉相承的。这一点在诺齐克那里甚至更明显。在《无政府、国家和乌托邦》中，诺齐克给出了涉及原初获取、转让和矫正三个环节的分配正义原则。然而，诺齐克的整个分配正义的原则以及相应的唯一可辩解的最低限度国家（minimal state）的道德根基却是个人的自由权利。"个人拥有权利，而且有一些事情是任何人或任何群体都不能对他们做的（否则就会侵犯他们的权利）。"[1] 换言之，在诺齐克那里，个体的自由权利直接决定着正当的分配规则。

然而，像罗尔斯那样，在正义话语尤其是分配正义话语

---

[1] 罗伯特·诺齐克：《无政府、国家和乌托邦》，姚大志译，中国社会科学出版社，2008年，前言，第1页。

下论述甚至论证自由,却也包含着某些困难。关键在于,为了能在分配正义的范式下处理自由和权利,需要将自由和权利当作一种可以分配或分割的基本善(primary goods)或为实现生活蓝图所需要的普遍手段,而这一点是有争议的。哈贝马斯就指出,诸如自由、权利等范畴就不像机会、资源和财富等范畴那样适宜于用分配正义的架构来处理。用分配正义的架构来处理权利和自由,罗尔斯被迫把义务规范的道义论混同于价值偏好的目的论。"权利**只能通过实践来'享有'**(be "enjoyed" only by being exercised)。它们如果被化约为基本善的话,则会丧失其道义论的含义。……当然存在对善或机会的均等分享的权利,但是权利首先调节的是行为者之间的关系:权利不能像物件那样'被占有(possessed)'。"[1]沃尔泽也对罗尔斯的狭义的类似分割的分配概念表达了异议。沃尔泽虽然仍用"分配"一词,但其含义却扩展到包括"分享(share)"并使之依赖于不同的善的社会意义:"正义原则本身在形式上就是多元的;社会不同善应当基于不同的理由、依据不同的程序、通过不同的机构来分配;并且,所有这些不同都来自对社会诸善本身的不同理解。"[2]中文学界以研究正义理论知名的学者慈继伟在《正义的两面》中也批评说:"罗尔斯把收入与自尊混为一

---

[1] Habermas, Jürgen, "Reconciliation Through the Public Use of Reason: Remarks on John Rawls's Political Liberalism," *The Journal of Philosophy*, Vol. 92, No.3, March 1995, p.114.
[2] 沃尔泽:《正义诸领域:为多元主义与平等一辩》,褚松燕译,第1页,第4页。

谈。……事实上，自尊和自由根本就无法分配，更谈不上不平等分配。"[1]

哈贝马斯和慈继伟等正确地指出了在分配正义范式下处置自由和权利必然导致混淆道义论和目的论的麻烦。不过，这一麻烦对罗尔斯的正义理论而言并非致命。因为这一麻烦只有在罗尔斯完全依赖于其契约论表面上采取的理性选择路径来证明正义原则时才构成严重挑战。但在《正义论》中，罗尔斯主要依赖一种康德式的道义论伦理学（deontological ethics）路径来论证第一条正义原则即平等的自由原则：人的本性是自由而平等的理性存有，这体现了人的自主（autonomy），而平等的自由权利则是实现自由人的平等本性所必须的。"对于康德而言，权利的优先性'完全是从人类相互的外在关系的自由概念中推导出来的，它和所有人与生俱来的目的（即取得幸福的目的）或人们所承认的实现这一目的的手段没有任何关系'。"[2]

然而，在此我们关心的主要不是正义原则或其中的自由原则的证成，而是考察从自由话语向正义话语变迁的要害所在。或许通过考察罗尔斯在论述第一正义原则即平等的基本自由原

---

1 慈继伟：《正义的两面》，北京：生活·读书·新知三联书店，2001 年，第 78—79 页。
2 桑德尔：《自由主义与正义的局限》，万俊人等译，第 7 页；类似的论点见，周保松：《自由人的平等政治》，北京：生活·读书·新知三联书店，2010 年，第 199—200 页；谭安奎：《必要的契约方法与错置的理论战场——就罗尔斯理论的两个问题与江绪林、周保松商榷》，《开放时代》，2011 年第 4 期，第 146—149 页。

则时其中的自由理念发生的变化可以看出一些端倪。罗尔斯的基本自由包括良心自由、宗教自由和思想自由;言论、结社和政治参与的自由;捍卫人格尊严的自由权利(如迁徙自由、职业自由以及个人财产权);法治所涵盖的自由(不受任意逮捕等)。[1] 这些基本自由都是自由主义在几百年的实践中形成并得到捍卫的弥足珍贵的传统。然而,此处至关重要的却是,虽然罗尔斯允许有限的个人财产权,他却将作为生产手段的私人财产权从基本自由中剔除掉了。"作为一种政治观念的公平正义观并不包括生产手段私有的自然权利(虽然它包括一种对于公民的独立与完整是必要的个人财产权利)"。[2] 将私人财产权从不可侵犯的基本自由清单中剥离出来,并使之从属于容许争议的分配正义规则的裁决之下。罗尔斯的这一做法似乎决定性地推动了政治哲学论争的焦点从传统的自由概念转向了勃兴中的正义和分配正义概念。像诺齐克、哈耶克等致力于捍卫私人财产权和自由市场的思想家也不得不在分配正义的新战场做出回应,虽然其主旨仍然是捍卫完整的(包括私有财产权的)传统自由概念。

不过,虽然罗尔斯的理论因为同时推动了从元伦理学向

---

[1] 罗尔斯:《正义论》(修订版),何怀宏等译,第47—48页;罗尔斯:《作为公平的正义——正义新论》,姚大志译,上海:上海三联书店,2002年,第72页;Freeman, Samuel, Edited, "Introduction: John Rawls-An Overview," *The Cambridge Companion to Rawls*, Cambridge: Cambridge University Press, 2003, p. 36.

[2] 罗尔斯:《正义论》(修订版),何怀宏等译,修订版序言,第5页。

实质性伦理学的范式变迁而确实在某种程度上扮演了枢纽性的角色,将政治哲学中从自由到正义的理论焦点的转移的原因归功于罗尔斯无疑是夸大其词。在《人性论》中,休谟早就从功利主义视角对正义进行了重要论述,认为正义的起源在于"人为的措施和设计"。[1] 密尔和康德都对正义相对于其他美德(virtue)的优先性做了辩护,只不过密尔的辩护基于功利原则,而康德的辩护则基于道义论的自主概念。[2] 相比于罗尔斯等当代思想家,在密尔和康德处的关键差别是:密尔和康德等人并未在正义和自由或权利等概念之间做出清晰的区分,对于他们来说,正义与自由或权利基本上是同一个概念或同一个家族内的概念。而在康德之后,正义话语似乎也并未退潮,如弗雷泽甚至认为:"平等主义的再分配诉求已经为过去150年建立的大部分关于社会正义的理论提供了范式。"[3] 或许可以说,罗尔斯的《正义论》以及其他人随后的著作,只是完成了正义话语的最终加冕而已。为了理解正义话语的统治地位及其与自由话语的分化,还需要追溯分配正义话语崛起的社会和文化语境。

---

1 大卫·休谟:《人性论》,关文运译,北京:商务印书馆,1980年,第531页。
2 桑德尔:《自由主义与正义的局限》,万俊人等译,第2—9页。
3 弗雷泽:《再分配,还是承认?》,周穗明译,第5页。

二、分配正义的语境：脆弱的个体与作为境况的社会

为了说明分配正义话语崛起的社会和文化语境，借助英国社会学家和历史学家 T. H. 马歇尔（Thomas Humphrey Marshall）的公民身份（citizenship）观念或许能提供一个有益的概念框架。虽然马歇尔1948年在《公民身份与社会阶级》中提出的公民身份观念是基于英国本土的历史进程，然而却因其强大的解释力而得到普遍认可和应用。[1] 马歇尔认为公民身份具有三个维度：保障个人自由的公民权利（civil right）主要发展于18世纪；保障政治参与的政治权利（political right）主要发展于19世纪；保障基本社会福利的社会权利（social right）则发展于20世纪。马歇尔将公民身份的发展理解为个体权利不断扩大的过程。[*]

其实在政治哲学思想上也可以找到对应的论述。如果我们把从自由话语向正义话语的范式变迁理解为国家对经济的干预或国家与社会的融合的倾向，则这种倾向早在19世纪后期就作为社会现象和理论主张而出现，并随即一直就是自由意志论者和左派自由主义者或社会主义者争论的焦点。

从洛克、斯密直到约翰·密尔为止的主流自由主义者大都

---

[1] T. H. 马歇尔、安东尼·吉登斯等：《公民身份与社会阶级》，郭忠华等编，南京：江苏人民出版社，2007年，第163页、第176页。

[*] 此处原稿有一段缺失，仅有笔记提示思路：首先调整本节：1、寻找一个框架：Marshall 和 Polanyi 的框架；2. 寻找一些实质性的特征；3. 回到 Rawls 指明其缺陷。——编者注

主张私有财产权的不可侵犯,并认为建立在私有财产权基础之上的自由市场能带来社会的最大福利。然而,在约翰·密尔处这一切开始发生改变。在其影响广泛的《政治经济学原理》一书中,密尔区分了经济生活中的生产和分配,把分配完全看作是一个社会选择的问题。在做出这一区分的过程中,密尔创立了一种将干预主义和国家主义的倾向合法化的思想体系。[1] 同时,深受黑格尔影响的牛津哲学家格林(T. H. Green)发展出积极自由观念,而受格林影响的霍布豪斯(L. T. Hobhouse)则提出了"工作权"和"基本生活工资权利"等新自由主义主张。[2] 到 20 世纪中期,凯恩斯式的干预主义以及福利国家观念在西方国家的经济和社会政策中都已经成为主流思想。

政治思想的新进展其实表现了社会所经历的一种深刻变迁,而这一变迁的方向则指向罗尔斯正义理论中的社会理念所指涉的那种社会。罗尔斯的正义理论中有两个基本组织性的理念:一个是自由而平等的道德人,后来罗尔斯强调了道德人作为公民的政治维度;另一个则是作为公平的合作体系的社会理念。在《政治自由主义》中罗尔斯对作为公平合作体系的社会理念给出了详细的论述。罗尔斯的社会理念包含三个要素:1. 由公共认可的规则与程序来引导;2. 包含公平合作条款,表达了相互性(reciprocity)的理念;3. 包含各参与者合理利益

---

1 Gray, John, *Liberalism*, Stony Stratford: Open University Press, 1986, p. 30.
2 霍布豪斯:《自由主义》,朱曾汶译,北京:商务印书馆,2007 年,第 80 页。

的理念。[1] 或许在《正义论》中罗尔斯以一种最具直觉的方式表达了其对作为公平合作体系之社会的理解:"在此直觉的观念是:由于每个人的幸福都依赖于一种合作体系,没有这种合作,所有人都不会有一种满意的生活,因此利益的划分就应该能够导致每个人自愿地加入到合作体系中来……"[2]

然而,罗尔斯的社会理念虽然可谓是对类型化的现代社会的一种准确刻画,但其实在罗尔斯那里这样的一个社会理念并没有如其所言地发挥组织性角色(organizing role),而仅仅处于某种空置状态。事实上,罗尔斯理论中的社会理念几乎可以衍生于道德人的理念,仅仅作为后者的一种集合和行为背景而存在,而不是相对独立的组织性理念。而罗尔斯给出的诸如资源的中等稀缺等特征却又不足以刻画现代社会的本质特征。

我将说明上述判断成立的理由,而且还努力表明,如果恰当地勾勒出现代社会的特征,使得罗尔斯的社会理念真正恢复其组织性的角色,则能更好地解释在现代社会中何以正义话语会取代自由论述上升为统治性话语。

借助虚拟的契约论模型,罗尔斯对正义原则的推导含有两条路径。一条是康德式的伦理学路径:正义原则完全是自由而平等的个体实践道德生活的必要条件;另一条是理性选择路径:正义原则是相互冷淡的理性人在无知之幕背后做出的理性

---

[1] 罗尔斯:《政治自由主义》,万俊人译,南京:译林出版社,2000年,第16—18页。
[2] 罗尔斯:《正义论》(修订版),何怀宏等译,第12页。

选择的结果。因为契约论模型常常被理解为一种代表性的手段，因此理性选择路径常常不被认为是重要的，重要的是康德式的伦理学路径。[1] 有争议的倒在于：契约论方法对于康德式的伦理学路径是否必要。在《自由人的平等政治》中，学者周保松倾向于认为契约论设置可有可无；而在一个批评文本中，学者谭安奎则认为契约论方法是必不可少的。契约论方法塑造了一种将合情理性（the reasonable）和理性（the rational）结合在一起的整体道德视角：在这种整体道德视角中，个体善和社会规范（正义原则）都得到了考量。[2]

然而，承认契约论方法蕴含着社会规范的在场这种解读很容易。关键的问题却在于，如果真实的社会本身是缺席的，则社会规范要么完全可以回溯到道德人本身，成了道德主体的一种主观游戏，要么就呈现为一种不具有真诚性的要求（因为放弃了足够解释）。契约论方法的道德视角可被理解为蕴含着社会规范，但是契约论装置却是一种虚构，因此不能用契约论装置本身来解释社会规范，而必须抛开契约论装置，在社会或道德个体那里去寻找社会规范的理由——契约论装置本身毕竟只是一个代表性的手段。周保松将社会规范完全回溯到自由而平等的道德人的理念，而我相信在某种意义上罗尔斯本人也倾向于这种做法。一方面青年罗尔斯作品《罪与信的意义之

---

[1] 周保松：《自由人的平等政治》，第 22 页。
[2] 谭安奎：《必要的契约方法与错置的理论战场——就罗尔斯理论的两个问题与江绪林、周保松商榷》，《开放时代》2011 年第 4 期，第 145—149 页。

初探：基于共同体概念的一种诠释》和后期罗尔斯《政治自由主义》中对整全性的宗教学说的优先关注将人格和个体放到了核心位置，而这有利于这样一种解读：政治领域（the political sphere）不过是诸多人格或个体不得不共处的领域，因而一切规范都可回溯到道德个体；另一方面，如上面所断言，在罗尔斯处，社会是缺位的或空置的。

说社会是缺位的或空置的，这是什么意思？意思是，虽然上面说到罗尔斯对现代社会的类型刻画堪称准确，却因为没有被带入或抛入更具体的历史语境中而失效。譬如，前面提到"每个人的幸福都依赖于一种合作体系"，但在罗尔斯那里，这种个人对社会的依赖性却随即单薄得无迹可寻，因为社会及其规范被理解为道德主体的自主筹划；再譬如，"互惠性"没有被刻画为一种历史处境化的休戚与共或平等待人，却被窄化为差异原则这种主体间的令人窒息的强的规范要求。

接下来本文试图重新补足罗尔斯正义理论中缺位的社会理念：引入足具代表性的历史特征使得罗尔斯的社会理念历史处境化。这里必定存在任意性，但本文的目的仅仅是为正义话语的统治地位提供一个初步的解释。

海德格尔有一个复杂而著名的概念"被抛境况（Geworfenheit）"，他说被抛境况是人的存在的样态。[1] 撇开海德格尔就这

---

1 马丁·海德格尔：《存在与时间》，陈嘉映等译，北京：生活·读书·新知三联书店，2006 年，第 207 页。

个词的晦涩解释，我们可以说人会发现自己是被抛在世界、被抛在社会之中的。本文借用这个概念意在强调现代社会也是一个被给予的、人处身其中的事实。这样社会就是一个从根本上相对独立于人的境况。这可能意味着，某些社会因素像自然因素一样是被给予我们的；也可能意味着，有些社会要素虽然是我们创造的，它却超越了我们，甚至反过来对我们构成约束。就像哈贝马斯的权力系统和金钱系统一样，这些系统是人创造的，但最终却可能对人的生活世界构成压制和侵犯。[1] 这样理解的社会一旦得到承认，它就作为境况对道德的个人提出某些真实的规范要求或限制，而不仅仅是道德人行为的背景条件。罗尔斯所言的资源的中等稀缺固然是一个重要事实，却不足以刻画现代社会的本质特征。

那么与此处的正义论题相关的现代社会的关键特征是什么呢？社会合理化（societal rationalization）论题关注的就是现代社会的形成和发展问题。马克思、韦伯、霍克海默和阿多诺等都将社会合理化理解为行为关系当中工具理性和策略理性的增长，然而在如何理解这种总体的社会合理性的意义时却分歧重重。[2] 哈贝马斯将社会合理化理解为植根于交往行为的生活世界与植根于工具行为的金钱和权力两个系统之间的紧张和互动：生活世界的交往提供共享的社会意义，而系统则通过技术

---

[1] 芬利森：《哈贝马斯》，邵志军译，南京：译林出版社，2010年，第 50—56 页。

[2] 于尔根·哈贝马斯：《交往行为理论：行为合理性与社会合理化》，曹卫东译，上海：上海人民出版社，2004年，第 142—143 页。

化和专门化来减轻交往和商谈的重负，促进社会整合；因为系统寄生于生活世界，且只有生活世界提供意义资源，所以生活世界享有优先权，但系统的自我发展却倾向于侵蚀、取代甚至破坏生活世界。[1] 社会合理化的论题足够复杂，但仅仅稍微提及就足以呈现作为人的生存境况的社会对人的独立位置，人必须在某种意义上预设社会作为人的既定的境况。

在现代社会境况中几个因素与正义密切相关。一个因素是对人性的新理解，脆弱性（vulnerability）和相互依赖成为人性的核心特征。人性不再是个体的静态的属性，而是处身社会中的个体的可延展的特征；不断的产业化要求创造普遍的、无限的义务以应对充满不确定性的任务，当伤害的个人责任无法确立时，由集体责任和社会补偿来提供可容忍的处境："不同的人生际遇，包括贫困和不利，不再是私人的、个体的病理学表现，而是人类共享的经验。……对其的矫正要求承认个体之间以及个体与社会之间的相互依赖。"[2] 结果就是，脆弱性成为人性的核心，个体不再是那种完全自律的、能自我完善的个体，而是在生存上不稳定的、相互依赖的实体，不能完全控制自己的生活和未来，需要持续的相互支援。[3]

另一个因素是私人自律（private autonomy）的社会基础

---

[1] 芬利森：《哈贝马斯》，邵志军译，第50—56页。

[2] Freeden, Michael, "The Coming of the Welfare State," *The Cambridge History of Twentieth-century Political Thought*, Edited by Terence Ball and Richard Bellary, Cambridge: Cambridge University Press, 2003, p. 26.

[3] 同上引，第10—27页。

发生的变迁。在自然法理论和苏格兰道德哲学中，传统的私人自律的社会基础是私人财产所有权和个体的爱好空间。随着政治上的平等公民权的普及、个体间的相互依赖性成为社会本质特征，私人自律的社会基础不能再建立在私人财产权之上，而依赖于社会福利国家的保证。"当作为福利国家当事人的市民享有作为民主国家的公民赋予自身的地位保证时，这一衍生的私人自律就有可能成为原初私人自律的对等力量，后者建立在私人财产所有权的基础之上。"[1]

上述两个因素以及其他现代社会的特征汇合在一起，使得福利改善自由成为人类发展和社会生活的首要指标。福利概念既限定又丰富了自由概念：它重新设定了权利话语，使其包括对人类能力的保护，使得社会资源的共享具有优先的位置。[2]福利和资源问题自然是适宜在分配正义的架构下处理的；与此同时，失去了自然法庇护的传统的自由和自律概念变得脆弱，也需要通过正义的制度设计来加以维系。这就使得正义取代自由成了主导性话语了。

在分析自由论述转向正义话语时，本文试图指出和补足罗尔斯正义理论中缺席的社会理念。这里需要强调的是，强调复杂社会的理念并不需要以牺牲个体的自律为代价。它仅仅指

---

[1] 哈贝马斯：《公共领域的结构转型》，曹卫东等译，上海：学林出版社，1999年，1990年版序言，第10—14页。

[2] Freeden, Michael, "The Coming of the Welfare State," *The Cambridge History of Twentieth-century Political Thought*, p. 25.

出，哪些真实的境况或外部特征为个体的自律施加了条件或规范限制。个体与社会之间的某种张力的存在或许是对现实的一种更准确的刻画。*

---

* 本文为手稿，文末留有两段笔记，照录如下：
Marshall 的那段不得不触及政治和经济权利的话应该加入，放在第二节？无论早期还是晚期 Rawls 都只提供了一个形式的社会概念。
Sandel，"现代发达的工业社会所面临的能源……共识，使得正义的环境凸显出来，从而正义成为这些社会的首要美德。"[1982,38]——编者注什么是意识形态？

编者按：本文是为吴志华、郝宇青主编《政治学概论》（中国人民大学出版社，2013 年）撰写的一章。

意识形态是涉及某个或某些人的目标、预期和行为的观念集。一个意识形态是一个统合性的图景，既可以指看待事物的方式（如世界观），也可以指哲学上的倾向（如政治意识形态），还可以指社会中居于支配地位的集团播散的观念集（如"社会意识"或社会化的产物）。意识形态的目标主要是为推动社会的变迁准备思想资源，或为既定的忠诚提供支持。[1]

意识形态一词是在法国大革命的思想和政治论争中产生的。1796 年德崔希伯爵（Count Destutt de Tracy）创造意识形态（Ideology）一语的时候，意指"观念的科学"。依据卡尔·曼海姆（Karl Mannheim）的考察，当作为政治家的拿破仑·波拿巴使用"意识形态家（ideologues）"一语来指称那些他所轻蔑的自由派或共和派的政治对手时，意识形态一词获得了其现代意义。[2]

意识形态种类繁多，有政治的、伦理的、社会的和知识论的。本章只限于关注和讨论政治的意识形态。政治意识形态往往

---

[1] http://en.wikipedia.org/wiki/Ideology.
[2] 卡尔·曼海姆，《意识形态与乌托邦》，黎鸣等译，北京：商务印书馆，2000 年，第 72—73 页。

代表了对政治和社会生活的一种整体的视角、价值观念和行动指南。政治意识形态涵盖非常多的类型。简略说，至少也包括自由主义、保守主义、社会主义、民族主义、无政府主义、女权主义、环保主义和后现代主义，等等。一种更为复杂的情况是，随着政治经济条件和时代思潮的变迁，同一个思想主张在不同的时代归属于不同的意识形态名目下，而同一个主义在不同的时代则有不同的思想主张。譬如，19 世纪英国的自由主义主张彻底的市场自由和契约自由，反对国家对经济生活的干预，而 20 世纪的自由主义则主张通过国家对经济和社会的广泛干预以追求平等的政治目标；相应地，彻底的市场资本主义在 19 世纪是自由主义的圭臬，而在 20 世纪却变成某些保守主义派别珍视的信条。另外，不同的思想家对不同思想资源的撷取、对不同路径的采纳又进一步使得某些意识形态内部表现出细致的差异。

　　意识形态在西方产生，也主要在西方表现出高度的理论繁荣。其一个深刻的特点是政治思辨围绕着现代民主政治的实践展开：围绕着民主制、自由权利、市场经济、政治伦理和多元文化等政治实践的争议、辩白和批评促生和更新了诸多的政治意识形态。在接纳这种实践-理论范式的基础上，本章对意识形态进行一种有限的选择性的介绍：在本章的四节中，第一节介绍了自由主义和保守主义两种主流的意识形态；第二节介绍社会主义、马克思主义和女权主义这三种更为现代的或边缘的意识形态；第三节将简要讨论"意识形态的终结与后现代"这一话题；第四节简要介绍中国当代的意识形态。在这种介绍中，本章行文不求对相关意识形态的分析面面俱到（譬如，极为重要的环保主义就在本章中付之阙如），而力图以主要人物或主要思想来表现其显著特征。这种选择性分析乃是由于笔者的驾驭力有限，敬希谅解。

第一节 自由主义与保守主义

1. 自由主义

自由主义可谓是最主流的意识形态，具有极其复杂的传统、渊源和表现。譬如，约翰·格雷在《自由主义》中这样描述自由主义的基本特征：

> 自由主义传统的各种变体中共同的东西，是关于人和社会的一种带有显著现代性质的明确观念。那么这个观念的几个主要因素是什么呢？它是个人主义的，因为它肯定个人在道德上对于任何社会集体主张的优先性；它是平等主义的，这是指它赋予所有人以同等的道德地位，并且否认人们在道德价值上的差别对于法律或政治秩序的意义；它是普遍主义的，它肯定人类在道德上的统一性，而特殊的历史联系和文化形式只具有第二位的重要性；它是改良主义的，因为它肯定所有社会制度和政治体制都是可矫正、可改善的。[1]

1　Gray, John, *Liberalism*, 2nd ed., University of Minnesota Press, 1995, p. xii.

然而，在此不可能深入探讨格雷的概括。本文采取一个更为简略（当然也部分地牺牲了严谨）的方法来定位自由主义，这需要借助约翰·罗尔斯的正义两原则。

罗尔斯是当代最著名的平等主义的自由主义者，他在1971年出版的《正义论》中提出了正义的两个原则：

> 1. 每个人对与所有人所拥有的最广泛平等的基本自由体系相容的类似自由体系都应有一种平等的权利。2. 社会和经济的不平等应该这样安排，使它们：a. 在与正义的储存原则一致的情况下，适合于最少受惠者的最大利益；并且，b. 依系于在机会公平平等的条件下职务和地位向所有人开放。[1]

这两条原则可以简略为"平等的自由原则"和"差异原则或向最少受惠者倾斜的原则"。之所以用这两条原则来界定自由主义，因为"平等的自由原则"可以说是几个世纪以来自由主义传统都秉持的根本信念；而"向最少受惠者倾斜的原则"则是现代自由主义者独有的，并且在某种意义上成为自由主义与保守主义划界的界碑之一。"向最少受惠者倾斜的原则"主张国家干预经济和分配领域，使得社会财富能在不同阶层中得到更平等的分配。这一主张自然迎合了平等的自由主义者对平

---

[1] 约翰·罗尔斯，《正义论》（修订版），何怀宏等译，北京：中国社会科学出版社，2009年，第267页。

等的追求，却严重地侵犯了某些传统自由主义者对自由市场和契约自由的信念，从而将后者逐入了保守主义的阵营。

依据"平等的自由原则"，我们可以在自由主义的万神殿里发现很多重要的人物：洛克、斯密、康德、贡斯当、托克维尔、穆勒、格林、霍布豪斯、罗尔斯、德沃金、伯林、诺齐克、哈耶克、弗里德曼。后三位人物因为其对自由放任（Laissez-faire）理念的辩护可被归入保守主义阵营。

古典的自由主义者为自由主义奠定了基本主题和倾向。基于基督教神学维度，洛克提出了对生命、财产和追求幸福的不可剥夺的自然权利。而且，洛克在《政府论》中还为私有财产权的产生做出了基础性的辩护。依据沃尔夫的总结，洛克为财产的道德权利提供了四种论证：生存的角度（因为生存的需要，在满足某些限制条件下取得财产和土地是合法的）；劳动渗入论（劳动使得对劳动对象的占有成为合法）；附加值论（劳动增加了物品的价值）；上帝的赐予。[1] 斯密认为经济行为的目的是个人的自由自主的幸福生活，而这一点有依赖于国民财富的增长或社会财富的最大化。在《国富论》中，斯密主张说，为了达到社会财富最大化的目的，基本的途径应当是基于市场经济的自由放任的经济政策以及严格保护财产权利和契约义务的政治制度。[2] 贡斯当界定现代自由为一个独立的、私人

---

1 乔纳森·沃尔夫，《政治哲学导论》，王涛等译，长春：吉林出版集团，2009年，第143—147页。
2 参见穆勒：《功利主义》，徐大建译，上海：上海人民出版社，2008年，第6页。

的领域。穆勒在效用主义的基础上为自由做出辩护，认为社会干预个人自由的唯一正当理由在于防止其对他人造成伤害。

古典自由主义强调个人自由并主张自由放任，而现代自由主义却逐渐放弃了自由放任的信条。当穆勒在《政治经济学原理》中将经济生活中的生产和分配区分开来的时候，就隐含了一种使得国家主义和干预主义合法化的路径。因此穆勒常被认为是一个从古典自由主义到现代自由主义过渡的关键人物。现代自由主义的主张在霍布豪斯那里已经表现得非常清晰，在此，自由放任已经被放弃，家长式的国家已经承担更广泛的社会责任。霍布豪斯说：

> 国家的义务是创造这样一些经济条件，使身心没有缺陷的正常人能通过有用的劳动使他自己和他的家庭有食物吃，有房子住和有衣服穿。"工作权"和"基本生活工资"权利就和人身权利或财产权利一样地有效。[1]

在此基础上，随着战后福利国家的普遍出现，平等主义的自由主义（egalitarian liberalism）成为自由主义中最有影响的一个流派。罗尔斯就是其中最有名的代表，依据金里卡的解释，在罗尔斯的平等主义诉求之后，政治思潮谱系中更左派的社会主义已经没有多少发挥的空间了。也就是说，平等主义的

---

[1] 霍布豪斯，《自由主义》，朱曾汶译，北京：商务印书馆，2007年，第80页。

自由主义已经吸纳了传统社会主义对平等和弱势者的关怀等主题。在平等主义的自由主义者中另一个重要角色是德沃金。德沃金试图修正罗尔斯的分配方案,在追求公民的资源平等的同时试图保留公民为自己的选择承担责任。德沃金还认为罗尔斯的契约理论背后预设了一种更深刻的权利理论,而德沃金就将这个权利总结为"个人享有得到平等关心和尊重的权利"。[1]

"国家中立性(State neutrality)"的概念也是当代自由主义的一个重要主张,而且这一概念还似乎恰好呈现了当代自由主义的某种深层表达。拉兹这么解释国家中立性:"政府必须对不同的人的善观念保持中立;或政府不应该关心道德理想或善观念的真与假,这些都不应该构成政府行动的理由。"[2] 自由主义倾向于认为:现代社会中有许多不同的终极性价值,譬如正义、幸福、爱,实现创造新事物、新经验和新观念的能力,发现真理,等等。而这些多元价值常常是不可通约的,个人做出选择是不可避免的。因此应该为个体保留一个独立的个人空间或消极自由去选择和追求这些不可通约的价值,而国家则应该避免做出判断,超然其上,以维系政治中立性为要务。

---

[1] 罗纳德·德沃金,《认真对待权利》,信春鹰等译,上海:上海三联书店,2008年,第 242 页。
[2] 杰弗里·托马斯,《政治哲学导论》,顾肃等译,北京:中国人民大学出版社,2006 年,第 315 页。

2. 保守主义

上面提到罗尔斯的"向最少受惠者倾斜的原则"成为现代自由主义和保守主义界分的界碑之一。这是因为当平等主义的自由主义者接纳政府干预和福利国家等措施时，那些反对"向最少受惠者倾斜的原则"的保守自由主义者则极为警惕国家权力的扩张，坚决捍卫自由市场的原则。因为与平等主义的自由主义者形成对峙，这些捍卫古典自由主义立场的思想家就被划入保守主义者的阵营。因为他们保守的对象恰恰是"自由放任"或最小政府这一古典自由主义的核心观念，因此这些保守主义者可以称为自由的保守主义者：随着时代的变迁，自由主义传统本身就成了值得守护的目标。

作为古典自由主义的当代继承人，诺齐克预设了个体的自然权利尤其是财产权利的概念，在此基础上他建构和审查了政府的正当权限。诺齐克用市场这一"看不见的手"的观念来解释正当国家的产生：为了捍卫自然权利这一利益，诸多个体成立起分散的组织将执行权利转让给它们以换取安全，从而建立起私人保护组织或私人执法机构。一个居于支配地位的私人执法机构在完全竞争市场中脱颖而出，成为事实上的暴力垄断者。而在那些异议者将执法权利让渡给这一支配性的私人执法机构以换取保护之后，事实上的暴力垄断者就变成了合法的暴力垄断者。国家也就产生了。因为国家仅仅拥有个体转让的执行自然权利这一职能，故只是一种权限最小的国家，只能执行提供安全保障、裁决争议等职能，没有权利进行社会财富再分配。

另外两位自由保守主义者哈耶克和弗里德曼更注重从经济的视角来辩护自由放任。早在 20 世纪 40 年代，在反对当时盛行的国家计划时，哈耶克将自由与市场联系在一起，并且提出市场是一种"自发的社会秩序"。依据哈耶克，市场能自发处理价格信息，从而比计划更有效率。自由与财产权密切相关，终极的善就是这样的生活：人们愿意靠自己的私有财产生活。哈耶克指责追求平等的"正义"概念是对自由和法律的最严重的威胁和颠覆。[1]

在其名著《资本主义与自由》中，弗里德曼认为自由主义的含义在 20 世纪业已被改变，背离了它在 19 世纪所具有的原初含义——经济自由（一种对于自由贸易和自由市场的信念）——而相反地意味着由善意的中央集权政府所带来的平等信念。弗里德曼试图使得自由恢复原初的含义，并竭力辩护这样一种观念：真正的自由只有借助向真正的市场经济的回归才能产生，真正的自由只有当人们在经济上是自由时才能实现。弗里德曼还认为向自由市场的回归有助于解决健康、教育和种族歧视等问题。[2]

虽然自由的保守主义名声显赫，但经济信念仅仅是界分保守主义的维度之一。自从伯克开创保守主义以来，到现在保守主义已经是一个包含各种维度的复合体：政治的，经济的，

---

[1] 彼得·沃森，《20 世纪思想史》，朱进东等译，上海：上海译文出版社，2008 年，第 604 页。
[2] 同上书，第 605 页。

伦理的和文化的。保守主义有一些共享的信念。一般而言，保守主义者会反对人类和社会的进步观念，认为进步观念夸大了理性的指导力量和人类意志的创造力量。譬如英国的保守主义者奥克肖特（Oakeshott）就认为理性寄生于传统，是对传统的节略。另一个保守主义者伊斯特（John P. East）则从神学视角宣称：人只是被造物，而不是造物主。保守主义批评 20 世纪占据统治地位的人性概念：人是可锻造的，甚至是具有无限可能性的可完美的生物。保守主义批评说，这种观点允许将任何既定的社会秩序描述为一种压迫，就算大多数人都支持它。但在支持什么上，保守主义者就没那么统一。传统而言，他们支持一种社会的有机体理论。但一谈到这种有机体理论的具体内容，冲突就出现了，以至于在某些保守派别中有机体概念完全消失。

在保守主义的诸多谱系中，有一种极端的乃至反动的保守主义甚至对当代的自由的民主制度持一种反对态度。这种反动的保守主义有一系列稳定的中心议题：没有更广泛的精神和文化根基，政治秩序是不可能的；人具有非理性维度；存在自然的不平等，而恶也是具有普遍性的，所以社会等级秩序是不可避免的。这种反动的保守主义认为现代民主国家缺少这些基石，所以是内在的自我挫败的。这种保守主义或逃向种族和意志。一个例子是斯宾格勒，他在 1932 年的选举中投票给希特勒，宣称说"希特勒是个傻瓜，但必须支持这个运动"。反动的保守主义者中，有的支持暴力的、超宪政的技术，有的认为具有超凡魅力的领袖能比代议制更深刻地代表社会，有的蔑视大众社会之平庸危险而在边缘化中寻求安慰，有的则经历内在放逐，寻求文学、审美和精神卓越，使得自己与大众的精神粗俗保持最大距离。如著名诗人艾略特视当代大众社会为精神荒原，在其中基督教的衰落和普遍的物质主义使得民主制与极权主义难以分别——甚至极权政体因为在提供道德基础上的强硬而更卓越。二战前，反动的保守主义甚至在政治上呼风唤雨，但随着战后民主化的扩大，而这种保守主义整体上拒绝大众社会，所以难逃边缘化的命运。

还有一种保守主义试图诉诸古希腊的德性（virtue）概念，这主要表现在两个德裔美籍思想家沃格林和列奥·施特劳斯身上。沃格林影响到迈尔，而施特劳斯的两个弟子布鲁姆和潘格尔也很有名。使得这些思想家相联的是他们对相对主义的敌视，这可以用潘格尔的努力来说明：自由民主制奠基于"基础理性（foundational reason）"的概念，这一概念使得启蒙的理性主义与古希腊的德性概念统合在关于人性的概念之中，为对待人性的问题和潜力提供一个可靠的基础。这种保守主义的问题似乎在于寻求的人性概念有点野心勃勃。

在美国还有一种非常有影响的原保守主义（paleo-conservatism）。这种原保守主义认为，关键的教育和司法机构已经被自由主义阵营劫持，而这些精英却不代表整个民族。这种原保守主义拒绝自由主义信条，其特征是强硬：反对广泛的或无偿的福利；主张严格对待单亲妈妈、罪犯、移民；主张贸易保护主义；对国家的立场很含混。这种原保守主义缺乏理论作品，在其大胆实践中却成功地团结成联盟，一方面反对自由主义，另一方面反对纵容性社会（permissive society），如反对堕胎权、主张电影审查、反对同性恋立法、反对毒品非刑事化。批评者则说原保守主义只是大杂烩，没有理论一致性，比较实用，有倒向无原则的机会主义的危险。

一种为奥克肖特和雷蒙·阿隆等人主张的温和保守主义试图从自由主义和理性主义中分离出一种公民联合（civil association）的古典共和理想。这种公民联合强调形式的、非目的性的公民理想，试图使"公民"概念不必以任何特定的宗教、道德和其他信念为前提。这种保守主义似乎足够灵活，能容纳现代社会的多元化，其困难在于乐观地假设了有机的、可自我持存的多元社会的存在。反动保守主义的"等级"概念过时，激进保守主义只是煽动，只有温和的保守主义最有可能应用于发达工业社会，但具体何种形式则不易于确定。一个被温和保守主义接纳的立场是：不能从某种优越的超政治角度来宣告永恒的真理，而只能在历史的哲学人类学中寻找一个根基和支柱。温和的保守主义维护的目标是立宪政府这一理想，并置于公民联合这一更广泛的理念中。这种公民理念必须允许实用的政府干预以维系公民生活的社会条件。其目的是既避免新自由市场主义信条，又避免大政府的怪胎。从市场、民族国家或共同体的有机体理念中分离出公民理想是温和的保守主义的任务，吻合不断增长的社会多元性，在身份政治的时代尤其切题。[1]

---

[1] *The Cambridge History of Twentieth-century Political Thought*, edited by T. Ball and R. Bellamy, Cambridge University Press, 2003, Chapter 6.

第二节　社会主义、马克思主义和女权主义

1. 社会主义和马克思主义

"社会主义"一词可以追溯到19世纪初期，它具有两种起源，法国圣西门的追随者勒鲁曾使用过该词表达这样一种观点：社会是也应当是其个人成员的目的，个人的利益因而完全从属于集体的利益；另一个起源涉及英国的欧文主义者，欧文主义者使用该词表达这样一种思想：合作是新社会的基础。[1]

社会主义思想的出现可以看作对资本主义兴起的一种反应。社会主义也经历了几个阶段。早期由欧文主义者、圣西门的某些追随者、傅里叶等人为代表，其目标是在现存社会中创造各种合作中心。他们期望在现有体制中寻求拯救。马克思将早期社会主义思想斥为空想社会主义，而称自己基于经济和阶级分析的社会主义理论为科学社会主义。之后又有一些温和的社会主义者强调国有化、经济计划和高度的社会福利，还有一些社会主义者主张生产资料共享的观念。

社会主义也具有一系列的特征。其最主要的特征就是对平等的追求。相比于自由主义，社会主义对平等的追求更不遗余力。某些自由派人士确实把平等推进到超出于政治和法律平等的界限之外，但基本都停留于某种形式的机会平等上。而社

---

[1] 杰弗里·托马斯，《政治哲学导论》，顾肃等译，北京：中国人民大学出版社，2006年，第322页。此节对社会主义思想的介绍依托于托马斯在此书中的整理。

会主义则从自由主义抽象的个人主义范畴转移到关于人们的财富、特权和地位等在历史和社会方面更特殊的描述，他们把系统地克服人为的不平等当作正义的条件。社会主义坚持认为，只要权力、财富或社会地位上的广泛差别占主导地位，自由主义的法律和政治平等就只能产生"空洞的"或"形式的"权利和自由。上述看法源自这样一种强烈的意识：即无论财富、地位、权力和机会的差别在一个改进了的社会中是如何可辩护的，当前个人之间对这些益品的分配是不合法的。社会主义思想的另一个特征是表现出一种解放的意识。社会主义认为，非正义的不平等不只是出了差错，而是在人类历史进程中，事情走错了方向，需要补救。这种错误不仅涉及财富、地位、权力和机会的分配，而且还有道德心理方面。人们受异化所驱使，从事于一种有害的竞争，而一种社会主义秩序将把人们从这些倾向中解放出来：因为当前人们心理状态的关键在于社会结构的经济基础未能满足平等主义的正义要求，所以社会主义的解放对象常常指向社会和经济结构。社会主义通常断言社会改革的工程是可以通过可靠的预测、大规模的事先计划，并通过连续的步骤来实施的。因此社会主义在下述意义上是一种理性主义：社会是可以按照计划进行自觉的、有效的改造的。

马克思主义是社会主义的一个较为独立的变种，由马克思在《资本论》、《共产党宣言》、《德意志意识形态》、《1844年经济学哲学手稿》等著作中提出，后经伯恩斯坦、考茨基等马克思主义者发展。马克思的基本观念是对历史和社会，尤其资本主义的一种经济分析：涉及劳动力、机器、科学和技术的生产力是最基本的因素，生产关系则描述所有制和控制的类型，这二者构成经济基础；依赖于对生产力的控制，人们分属于不同的社会阶级，这在资本主义制度下表现为资产阶级和无产阶级；资本主义的生产关系是异化的，摧毁了自由的创造活动，也具有剥削的性质，因为它抽取剩余价值；资本主义制度是内在地不稳定的，它将让位于社会主义，一种生产力的公共所有制。

可以从马克思主义中辨析出三个维度：首先是一种诊断，对剥削、异化和疏远现象的解释；其次，作为一种规范学说，试图以政策科学的形式有效干预社会改造以实现解放；最后作为思辨的历史哲学。下面主要介绍一下西方马克思主义的发展。

上一节已经指出，平等的自由主义和福利国家吸纳了社会主义思想的部分内容。与此同时，欧洲马克思主义在20世纪遭遇到工人运动衰退、议会民主日常化的不利局面；苏联的大清洗和官僚主义的压迫性质也损害了传统马克思主义的信誉。因而当代的西方马克思主义逐渐从政党政治中淡出，表现为学者型的思想研究，并且关注点逐渐从经济转向哲学。

地理上讲，西方马克思主义者集中在德国、法国和意大利等具有大的共产党的国家。中欧的卢卡奇，意大利的葛兰西，德国的法兰克福学派，都对马克思主义在西方的失败进行反思，而纳粹的兴起使得西方马克思主义的中心转移到法国，见证了存在主义和结构主义的主导；更晚近，英美有学者用分析哲学诠释马克思主义。这些都扩大了马克思主义讨论的视野。其中葛兰西的霸权概念、马尔库塞对弗洛伊德的分析、阿多诺等对启蒙的批评，这些试图修复传统马克思主义弱点的努力产生了丰富的文本。

匈牙利哲学家卢卡奇的《历史与阶级意识》，在传统马克思主义之外寻找哲学灵感。他强调意识，厌恶将马克思主义看作科学。卢卡奇主要诉诸黑格尔来理解当代的问题。卢卡奇是第一个严肃地评估黑格尔在马克思思想形成中的作用并重新把握到马克思思想的黑格尔维度的马克思主义者。他通过黑格尔抵达马克思主义，由此反对经济主义的预设和对自然必然性的强调。对卢卡奇而言，辩证法方法意味着针对世界的一种路径：对世界的思维也就意味着改变世界；辩证本身就是对革命进程的实践承诺的内在因素。此前的思想从未正确地把握住世界，因为将主体与客体不当地分离开来了；只有黑格尔才克服主客体的分离——虽然以唯心主义的方式。只有无产阶级才连接了主体和客体，在其主观思想（充分的阶级意识）中表现了历史中的客观事实。卢卡奇的中心主题是：历史和阶级意识是一回事。直到无产阶级的出现（以及其统一主体和客体的角色），对世界的理解被一种名为物化（reification）的现象所阻拦；资本进化到了一个地步，无产阶级可以摧毁物化，成为历史进程的主体。

葛兰西倾向于以上层结构来分析经济基础，并意识到历史唯物主义可以被诠释的多维方式。葛兰西认为，知识分子最重要的角色是组织和阐发信念、机构和社会关系这些被称之为霸权的网络体系，而对霸权的分析是葛兰西对政治思想最重要的贡献。葛兰西拓展了霸权的概念，使得它包括统治阶级获取被统治群体同意的工具和媒介。统治阶级的世界观是如此彻底地为其知识分子传播着，以至于其成为整个社会的常识。韦伯所分析的科层和技术合理化都是资本主义意识形态霸权的一部分，其功能是压制工人阶级的一切创造性。葛兰西理论的核心在于：由于实现了意识形态霸权，统治阶级不需借助暴力来维持其统治。葛兰西认为资产阶级霸权首要存在于其对市民社会的统治，而不是对国家强制权力的控制。这种路径的结果就是在东西方的马克思主义革命战略之间做区分。在像俄国那样不发达的国家，国家是攻击的目标；而在更发达的社会，首先需要渗透市民社会。相应的有两种战争："运动战"和"阵地战（war of position）"，随着资本主义的发展，阵地战变得更为重要。葛兰西或许是最具原创性的马克思主义理论家之一。

法兰克福学派是西方马克思主义的核心。他们觉得马克思主义的历史唯物主义传统需要被马克思传统以外的思想家来补充，譬如韦伯或弗洛伊德。传统对政治经济学的关注需要与其他学科（解释国家的扩张、文化的产业化、权威主义的增长）结合起来。法兰克福学派成员拓展了政治的概念，考量了官僚主义的发展、家庭结构的变化、大众文化的影响。心理分析、社会学、艺术的位置都成为研究的对象。他们用这些概念挑战历史唯物主义的决定论解释,集中分析形成当代身份和态度的那些力量。霍克海默等试图采取一种批判的视角,关注意识形态批判,在此"意识形态"指对社会的一切系统的扭曲陈述,目的在于隐藏合法化权力的分布。通过揭示这些统治的本质和原因,他们希望鼓励行动和改变。历史而言,批判理论的主要目标是启蒙。在1947年出版的《启蒙辩证法》中,霍克海默和阿多诺研究为何启蒙和西方理性与科学的进步是如此失败,并没有带来它们所许诺的文明生活,而是导致世界大战和极权主义。他们试图表明,有两种理性,一种致力于探究人类从外在约束和强迫中解放的途径;另一种是工具理性(instrumental reason),其功能是对自然进行技术控制。来自18世纪的启蒙主要是推动了技术理性的发展,导致生活意义维度的忽略,结果就是极权和堕落。[1] 马尔库塞一直卷入政治和社会斗争,是新左派最著名的理论家。他对发达工业社会的全面攻击体现在《单向度的人》一书中:显示晚期资本主义社会如何完全控制其成员的意识。当代资本主义社会的基本特征是"文化和社会现实之间冲突的平面化,这通过清除高雅文化中敌对的、异化的、超越的因素而做到;恰恰是这些高雅文化构成现实中的他者维度"。[2]

---

[1] 法兰克福学派的第二代人物哈贝马斯也对理性做了类似的区分。但哈贝马斯对启蒙则要乐观得多。对哈贝马斯来说,启蒙并不仅仅限于寻求工具理性的控制,而且也意味着在交往理性中寻求共识。

[2] *The Cambridge History of Twentieth-century Political Thought*, edited by T. Ball and R. Bellamy, Cambridge University Press, 2003, pp. 293-294.

马克思主义在法国具有独特而中心的位置。在 1945 年之后，差不多近三十年的时间内，马克思主义为法国思想提供了难以逾越的视野。这一切除了法国的革命传统之外，也还因为法国共产党在对法西斯主义的抵抗中扮演了中流砥柱的角色。法国马克思主义也深受科耶夫对黑格尔的解释的影响。萨特和梅洛-庞蒂是法国马克思主义的重要代表。萨特将存在主义与马克思主义结合在一起。他认为布尔什维克革命恰恰打破了马克思主义的普遍性特征，使得其进入历史的偶然性之中。在修正阶段，梅洛-庞蒂认为包括马克思主义在内的所有革命的结果都需要接受经验的评价，而不能简单地诉诸目的论的解释。在为马克思辩护时，阿尔都塞对马克思的文本做了结构主义的分析，试图捍卫马克思主义的科学地位，他力图证明马克思主义是一个综合的知识系统。早期法国马克思主义从未对苏联经验做出恰当的批评。因此在 1968 年学生运动高潮之后，尤其是 70 年代中索尔仁尼琴的《古拉格群岛》在法国出版后，法国马克思主义的影响迅速衰落。

2. 女权主义

女权主义是一个较为现代的思潮，与近现代以来女性社会和生活地位的逐渐提高密切相关。女权主义围绕着这样一个基本的思想展开：与男性相比，女性不公平地处于不利地位。同时女权主义广泛地与各时代的哲学思潮相关并作出回应。女权主义思想还展现出内在的复杂性：温和的女权主义在既定的社会框架内致力于揭露女性遭受的不公并试图改良之,而激进的女权主义则常常质疑为男性建立起来的生活框架本身并试图替代之。德尼斯·雷奥姆(Denise Reaume)对女权主义做出了一个很好的概括。他说,女权主义是:

> 对妇女平等的广泛承诺,它是这样一种意识,即妇女所面对的不公正是系统的或广泛的,它也是对传统的权力结构和现存事态的普遍批判的立场。[1]

第一位女权主义的哲学家通常被认为是玛丽·沃斯通克拉夫特(Mary Wollstonecraft),她写过一部《为妇女权利而辩》,该书主要抨击了卢梭在《爱弥儿》一书中对待妇女及其教育的观念。沃斯通克拉夫特争论说,没有理由将妇女排除在公民之外。不过在她身上还存在一些思想上的盲点。她认为解放了的女性公民家中允许拥有女仆人,而这些女仆人就不必有投票权。

从19世纪中期到20世纪,欧美争取女性权利的运动在广泛的自由主义框架内展开。自由主义的女权主义挑战了如下根深蒂固的观念:女性能力不足以适应政治和工作领域的规范;女性的职责就是在家庭内做一个受男人保护的天使。在此时,妇女解放运动常常是更大的社会改革的一部分,受到其他进程的影响。譬如妇女选举权被看作政体道德改良的一个步骤,而

---

[1] 杰弗里·托马斯,《政治哲学导论》,顾肃等译,第358页。

西欧和北欧对妇女福利的兴趣则源自对人口减少的担忧。女性在教育、法律和职业上的地位也得到一系列的改善。

然而，在很多领域仍存在歧视，如工资、退休金权利和某些类型的工作等方面，甚至连形式的平等都不存在。因而在 20 世纪 70 年代，女权主义又出现第二次高潮。这时候的女权主义试图寻求关于女性压迫原因的系统论述，迫切建构一个宏大叙事，这是当时社会和政治哲学的特征。当时的女权主义者或多或少都受到西蒙娜·波伏娃（Simone de Beauvoir）的《第二性》的影响，虽然该书法文版最早出版于 1949 年。

波伏娃解释了男人对女人的权力的空前有效性。虽然统治常常是一个脆弱的、临时的成就，但女人臣属于男人却已几千年，且跨越许多文化。"这种服从来自何处？"在回答这个问题时，波伏娃依赖和拓展了黑格尔关于主奴关系的论述。依据波伏娃，黑格尔论述的核心洞见是"在意识中有一种对其他意识的基本敌意；主体通过被反对而设定——他将自己设定为本质的，而将相对的客体设为非本质的"。为了变成主体，每一种意识需要承认，而这种承认只有通过统治他者来获取，将他者变为客体。在公共领域中，人们通过斗争来努力成为主体，在斗争中诞生了不稳定的主人和不情愿的奴隶。在这些斗争中有一个更多的维度使得所有男人成为主体。女人意识到能承认男性的主体：她们不是通过客体化男人来获取主体地位，女人允许自己被统治，甚至合作促成了自己的从属位置。通过占有女人，男人获得了一个他者（an other），这一他者是支持性的而非威胁性的，他们无需斗争。然而他们以牺牲女人获得主体性（subjecthood），而女人没有他者，因此不能逃离作为男人的客体的位置。波伏娃诠释了那些合谋将女性保持在附属位置，阻碍她们寻求自己的超越性的多重社会实践。她对女人作为男人的他者的刻画滋养了对性社团的广泛论述，这形成了我们对性差别的理解。依据波伏娃，男人与女人之间的等级关系象征地表现在更多"成对（pairs）"中，如头脑与身体，公共与私人，理性与情绪。波伏娃的这种主张为女权主义者提供了有价值的诠释工具，而且波伏娃的著名主张"女人不是生成的，而是变成的（one is not born, but becomes, a woman）"使得社会建构的问题处在女性主义的舞台中心。[1]

有些女权主义者仍在自由主义或平等主义框架内寻求解决问题。除了追求形式的平等权利外，女权主义者试图更进一步寻求实质性的平等，譬如要求公正地考量到女性的生理和社会角色差异。如苏珊·奥金（Susan Okin）就说：

> 两个常见但又相互矛盾的前提：妇女的主要职责是抚养孩子；工作场合中认真和尽职尽责的成员……（男子）对抚养孩子不负主要责任，甚至不分担责任。至今还很有影响力的职业场所的旧观念是：每个工人都对应着一个家庭主妇。[2]

---

[1] The Cambridge History of Twentieth-century Political Thought, Chapter 23.
[2] 乔纳森·沃尔夫，《政治哲学导论》，王涛等译，第190页。

这刻画了历史的乃至社会建构的男女的区分,这种区分甚至使得男女形式上的平等缺少意义。这种思路导向了积极平权(affirmative action)措施。就关涉到女权主义而言,平权措施实际上仍然与自由主义是一致的,通过弥补因为历史或社会原因造成的不公,来最终实现平等的自由。

有些女权主义者积极利用自由主义国家来挑战对女性的性统治。权利运动致力于禁止色情、婚内强奸和家庭暴力,使性骚扰非法。与此同时,承认同性恋合法的运动也取得成功。不过法律改变不等于社会改变。现在女权主义者必须决定:女性权利的引入是损害了她们的事业,还是仅仅不足以抵消她们遭受到的不利?

有些激进的女权主义者倾向于认为自由主义的女权主义是胆怯的,缺少愿景(lacking in vision)。这些激进者认为使用自由主义的权利武器不能克服女性从属中最深刻的那些因素,这就是性从属(sexual subordination)。激进者发展出父权理论来分析性压迫的根源。激进者分析性关系中女人遭受不利的方式,认为这来源于性权力(sexual power)得以体现的制度和实践。女性遭受了压制性的异性爱的(heterosexual)生活方式,包括婚姻,甚至扩展到卖淫、强奸、暴力殴打、色情作品和骚扰。后面这些成分远较一般承认的要普遍,也不总被理解为性暴力,因为在男性居统治的社会,这些常常用掩盖其强迫性质的术语来诠释。性关系中的压迫性质可以被追溯到性别之间的生物差异或归因于男性主义的国家。父权系统由系列制度和实践构成，通过生产制度、国家、男性暴力的合法化、制度性的异性爱来维系。转向父权概念具有重要意义，因为这等于承认女性压迫的宏大理论并非马上可以达到，也因为新路径开启了平等的丰富之路。意识到男女等级制被维系的多种方式，解释了政治与非政治区分的性别品质。家庭劳动和针对女人的性暴力传统上被认为是非政治的，国家不为之负责任，而现在却被认为是女权主义政治的对象。

这一切促生了一个含义更广的政治概念，体现在"个人是政治的（the personal is political）"一语之中。女权主义者用它来批评自由主义传统。女权主义者认为自由主义是不一致的：宣称公民因拥有同样权利是平等的，但女性却在公共生活中相对缺席。因为女性（曾经）不是公民，她们与男性的关系不是政治协商的主体关系；当女性获得公民权的时候，这些权利已经是按照男性的处境和能力诠释过的，因此女性赢得的权利是某种男性的权利。女性或许更不利于竞选公职。况且，认为性和家庭关系不是自由国家的主要事务这种信念主导的立法可能在两个方面不利于女性：一方面女性的从属不受挑战，另一个方面则不能改变那些伤害权利的价值的条件，以使女性的权利变得真实。

这导致女权主义者质疑自由主义哲学的主张：罗尔斯说国家的目的是维护正义，但罗尔斯获致正义原则的方法能公正地处理男性和女性的利益么？正义是首要的政治价值这一观点是性别中立的，还是体现了男性的偏见，从而不利于女性？后一问题尤其紧迫,因为心理学研究似乎表明男孩和女孩倾向于以不同路径解决道德问题,其中男孩倾向于接受康德主义的正义概念作为伦理规范,而女孩则体现了一种关怀优先的路径。在这种理解中,沃尔德伦批评了权利和正义路径的缺陷:

> 在一种正常美满的婚姻生活背景下,权利的要求不应该占据多大的位置。如果我们听到一个人抱怨说自己的配偶否认或无视婚姻的权利,就知道这对伴侣之间在处理欲望和感情的互动关系方面已经出了问题。[1]

一些女权主义者为一种关怀优先的女性政体辩护。另一些女权主义者则指出:由于未能承认政治共同体依赖于关怀,自由主义理论将女性做出的贡献非政治化了。

第三节 意识形态的终结与后现代

"意识形态的终结"是一个复杂且不时浮现的话题。雷蒙·阿隆在1954年为阿多诺主编的《社会学》写下了《意识形态的终结》一文后,西方知识界围绕意识形态的终结的一场旷日持久的讨论由此开始,并成为1955年在意大利米兰召开的"文化自由大会"的主题。出席大会的有阿隆、阿伦特、加

---

1 乔纳森·沃尔夫,《政治哲学导论》,王涛等译,第199页。

尔布雷思、李普塞特、丹尼尔·贝尔等人。阿隆认为，国家主义、自由主义和马克思主义等三种主导的意识形态正在崩溃：当各个国家彼此依赖时，国家就衰弱了，所以国家主义就失去了市场；而自由主义则因其难以提供"共同体的观念或者共同的信念"而渐趋衰微；马克思主义则因其谬误而丧失了意义。[1] 阿隆欢迎意识形态的终结，认为意识形态阻碍了建设进步的国家。阿隆相信，韦伯所说的现代社会的合理性，只能是来自从价值理性向工具理性的转移，这或许不无遗憾，却是一个客观存在的过程，甚至是一种可取的变化。因为在阿隆看来，"人们拒绝神化一个阶级、一种斗争技术、一种意识形态体系"，[2] 并不妨碍他们去追求一个比较公正的社会和一个不那么令人痛苦的共同命运。

丹尼尔·贝尔说，美国在这一去意识形态化进程中走得更快。在贝尔看来，意识形态不仅仅是一套支配性的观念，而且是"被注入了激情"的思想，并且试图改变整个生活方式。意识形态因此呈现出某些世俗宗教的特征。贝尔认为，意识形态活跃于整个19世纪和20世纪的早期，因为它有助于提供道德的指引，反映了社会中各种利益群体和阶级之间的真实差异。不过，随着福利国家的出现，这些差异在主要民主国家逐渐模糊，丹尼尔认为，对美国而言，大众社会是一种乐观主义和富

---

[1] 彼得·沃森，《20世纪思想史》，朱进东等译，第519页。
[2] 冯克利，《阿隆与"意识形态的终结"》，见 http://data.book.hexun.com/chapter-104-3-5.shtml。

裕的社会，鲜血、汗水和眼泪已远离了政治。[1]

伴随着所谓"意识形态的终结"，政治科学家发展出经验的民主理论以辩护西方的、资本主义的自由主义民主制度。李普塞特、萨托利和达尔等人将西方的民主描述为多元主义的、经验的、非意识形态的，其政治妥协方式为民主政治的商谈模式。

然而，虽然从内部看来好像意识形态结束了，从外部看来，整个有关"意识形态的终结"的讨论却恰恰服务于一种斗争：西方的自由民主制与苏联的共产主义之间的对抗。在这种话语中，苏联的共产主义被描述为意识形态式的、蛊惑式的、非科学的社会形态，而西方的自由民主制度则是实证的、科学的、非意识形态化的。因此，整个"意识形态的终结"话语就服务于为自由主义的民主制度辩护。在这种抗辩中，意识形态作为脏词全部堆到了苏联的共产主义身上。这最明显地体现在 1956 年卡尔·弗里德里希（Karl Friedrich）和布热津斯基（Zbigniew Brzezinski）的《极权主义独裁》一书中。该书描述了极权政体的六个特点：1. 官方的极权的、弥赛亚式样的意识形态；2. 垄断性的大众政党；3. 由秘密警察支撑的恐怖系统；4. 对所有大众传媒的垄断控制；5. 对武装暴力的垄断控制；6. 指令经济。该书结论说极权主义是整块的、不变的、帝国主义的。因此，所谓的"意识形态的终结"的话语恰恰重述

---

[1] 彼得·沃森，《20 世纪思想史》，朱进东等译，第 519 页。

了波普尔关于开放社会和封闭社会的对比：极权主义与经验的民主理论并行。

然而，在20世纪60年代，这种图景遭到挑战。首先，美国新左派（New Left）兴起，开始批评西方自由民主制是开放社会的说法，质疑美国自由民主政治的开放性和多元性。最有影响的是马尔库塞的《单向度的人》，在其中极权主义说辞被看成冷战武器。其次，共产世界中的变化似乎也拒绝了极权主义描述中铁板一块的印象。赫鲁晓夫上台对斯大林的批评；索尔仁尼琴的《伊凡·杰尼索维奇的一天》和《古拉格群岛》等著作的存在证明了苏联存在真正的社会批评；东欧真正反对派的出现，尤其体现在1968年的布拉格之春。这一切说明认为苏联极权主义是铁板一块的看法是不对的。

20世纪80年代末和90年代初苏东剧变，苏联共产主义瓦解。1989年日裔美籍学者F. 福山在《国家利益》上发表题为《历史的终结？》的文章。福山宣称自由民主制度战胜了其他相竞争的各种意识形态，如世袭的君主制、法西斯主义以及近代的共产主义。不仅如此，福山还认为自由民主制度是"人类意识形态发展的终点"和"人类最后一种统治形式"，并因此构成"历史的终结"。[1] 福山并非否认作为事实的历史中不会出现停顿或倒退，而是说找不出比自由民主理念更好的意识

---

[1] F. 福山，《历史的终结及最后之人》，黄胜强等译，北京：中国社会科学出版社，2003年，序言，第1页。

形态，确切地讲，"它是指构成历史的最基本的原则和制度问题可能不再进步了，原因在于所有真正的大问题都已经得到了解决"。[1]

福山的历史是黑格尔意义上的普遍历史，福山认为，主要有两种力量推动普遍历史走向作为终点的自由民主制度。一种力量是自然科学与人类欲望的结合。自然科学是累积性增长的，又是定向的，推动人类走上不可逆转的同质化道路。而这又与人类求存的欲望和自由经济的逻辑一致——

> 把我们领到了自由民主这个"圣经中的乐土"的门前，但却没有把我们送进乐土里面，其中的原因就在于先进的工业化在经济学上找不到必然会带来政治自由的理论依据。[2]

另一种力量存在于人类渴望获得认可（recognition）的精神之中。福山采纳黑格尔的看法，认为获得认可的精神渴求是历史的发动机。这种寻求认可的斗争曾导致历史上的主奴关系的种种形式，而其最成熟的方式则存在于相互认可之中。自由民主制用一种获得平等认可的理性精神取代了那种希望获得比别人更伟大的认可的非理性精神，这就导致了历史的终结。

不过福山历史的终结的命题却具有很多脆弱性。首先，福

---

[1] F. 福山，《历史的终结及最后之人》，黄胜强等译，序言，第3页。
[2] 同上书，序言，第6页。

山在 1993 年《历史的终结及最后之人》一书中承认自由民主制度具有内在的不稳定性。譬如，对平等的不断追求将大大加剧其与自由之间的紧张关系。然而更大的威胁却来自右派，并在哲学家尼采处获得最强有力的表达。对于尼采来说，出现在历史终点的"最后的人"根本就不值得向往，人人平等也根本不值得向往。自由民主制没有实现黑格尔所说的主人道德和奴隶道德的结合，它代表着奴隶的无条件的胜利。因此"最后的人"实际上是一个获得胜利的奴隶。尼采认为，基督教所信奉的上帝面前人人平等的信念只是一种偏见，一种从弱者反抗强者的愤恨中产生出来的偏见。弱者如果团结起来，以罪恶感和良知为武器就能够战胜强者。在现代社会这种偏见日益普及，其势不可挡，而原因并不在于它已经被证明是真理，而是因为弱者的队伍日益壮大。[1] 按照尼采的思路，潜在的主人或卓越者将不满于平庸的民主制度，从而对民主制度构成潜在的威胁，而这一点也为福山所认识到。

不过，福山有关历史终结的论点不仅只具有内在的脆弱性，该论点还面临外部的和框架的挑战。就外部挑战而言，福山的老师亨廷顿于 1993 年发表于美国《外交》季刊的《文明的冲突？》一文可算是对"历史的终结"做了一个有力的否认。亨廷顿不着眼于自由民主国家内部的意识形态的斗争，却以文明为单位，强调各大文明之间的差异、分歧和潜在的冲

---

[1] F. 福山，《历史的终结及最后之人》，黄胜强等译，第 344 页。

突。依据亨廷顿的模型，历史尚在展开之中。

对福山论点的框架的更彻底的质疑来自后现代主义。福山使用黑格尔的"为承认而斗争的精神"这样的形而上学概念来解释历史进程，这对于后现代主义是不可想象的做法。非但如此，后现代主义简直要否认一切"宏大叙事（grand narratives）"的可信性。福山的自由民主制的故事显然也是一种宏大的历史叙事，自然在被质疑之列。并且，后现代本身的论述恰恰也构成了对"意识形态的终结"的另一种答案。此处我们以简介后现代来结束本节的论述。

法国哲学家利奥塔（Jean-Francois Lyotard）在《后现代状况》一书中给出了对后现代的有力陈述。对利奥塔而言，后现代处境的特征是宏大叙事丧失正当性，或元叙事的不可信。按照利奥塔的论述，源自启蒙的历史进步和社会发展的宏大规划，无论是自由主义的还是马克思主义的，最终都失去了可靠性。20世纪的政治恐怖和道德灾难，以及现代科学知识自诩的暂时性和工具性特征，促成了后现代对人类进步的普遍理论的基本怀疑。

利奥塔的论述听起来有点像20世纪50年代的"意识形态的终结"的主张。不过不同于后者偏重对极权主义、法西斯主义和共产主义等意识形态的阐述，利奥塔也将自由民主制的进步胜利看作另一个宏大叙事。利奥塔认为，未来人们将只讲适度的本土叙事、临时的语言游戏，抛弃任何社会进化、共识趋同的综合视角。利奥塔对发达西方国家新的理智氛围有敏锐的把握。20世纪80年代出现的新文化、社会和政治特点，关键是对理论综合、全球视角和历史进步的观念的根本质疑。这些被认识论的多元主义，以及对不可化约的社会文化多元性的坚持，有时甚至是对主观破碎的颂扬所取代。后现代的主张可以分为三个主题：1. 反基础主义（anti-foundationalism）：道德信念和政治原则不能被给予终极的形而上学基础，一切知识主张都是相对于语言、社会和历史处境而言的。2. 批判主体：拒绝将人类定义为对经验的理性的、反思的主体，以及作为有意识的自我规定的行为者或行为发起者（这被认为是现代哲学传统的核心）。主体性被视为分裂的、内在冲突的，为无意识欲望的不透明运作所形成。3. 承认差异和他者的主张：确信普遍的道德和政治言谈终将欺凌文化的、伦理的、性的和其他的差异，排斥或边缘化附属群体和异议声音。从这种角度看，启蒙的理性主义和普遍主义不过是披着形而上学伪装的欧洲中心主义。

后现代思想决定性地为一群法国思想家所影响，被称为"后结构主义"。这个群体包括福柯和德里达等人。作为后现代的代表人物之一，福柯通过讲述疯癫的故事来刻画理性化的损害，也刻画了作为权力的知识。然而或许较他的权力概念更有影响的是他对理知作品的一般态度即他的实验主义，在这种态度中历史或哲学真理的问题不再是首要的关切。福柯曾说"我觉得自己首先是个实验者而非理论家"，一个同样有影响的伴随物是福柯非常犹豫提供社会建议或政治解决方案。

在英美世界中罗蒂是后现代主义的代表。《哲学与自然之镜》从蒯因的分析哲学的基础主义滑走。在罗蒂那里，自笛卡尔以来现代哲学建立表现现实的客观标准的努力已经搁浅，寻求终极真理的努力让位于不同视角的开放对话。混合了后现代主义和美国实用主义，罗蒂将其论点扩展到道德和政治领域。罗蒂主张说：发现我们的信念，包括道德和政治信念缺乏形而上学根基，并不使得我们直视深渊。因为理性、真理和正义仅仅是既定的共同体定义出来的，既然没有上诉的终极法庭，我们没有理由放弃我们所属的共同体的信念系统。西方的公民没有理由放弃自由民主制的原则，或怀疑其相对于其他传统的优越性。

怎样看待后现代作为一种意识形态方案？而且拒绝宏大叙事的思想还能算是意识形态么？如果后现代主义不算意识形态，那应该怎么理解后现代？或许最能够鉴赏到后现代症候性地位的思想家是詹明信（Fredric Jameson）。詹明信描述了后现代文化的"无深度"和"影响的缺失"。詹明信认为在后现代文化中，对历史连续性的真实感被非确定的、神秘化的过去的重现图景取代，伴随着主观分裂。詹明信认为这种所谓的"后现代"品质并不意味着向后现代的转型，而仅仅是全球资本主义带来的社会生活全面的商品化的伴随物：在一个自然和心理的非商品化残余不再存在的时候，表面与内在，本真性和非本真性，指代者和被指代者的基本对比已经消失。西方发达社会的成员现在生活在意象充斥的世界中。从全球化理论的视角看来，混杂的、破碎的、商业化的后现代文化特征能够被理解为历史进程的直接效果——资本主义国际市场的持续扩展和整合，这不是新时代的转型，而仍是现代的。这确实成为对后现代的一种持存的判断：作为描述现代主义缺陷的一种思潮，后现代主义这一概念具有无可置疑的合法性。但在其扩展到社会和政治现象时，因为其对本土和特殊性的敏感，后现代主义的代价却是视野狭窄，而21世纪社会、政治和文化思想的挑战却在于产生新的分析模式：既灵活又宽广，对欧洲目的论中心主义足够小心，以理解互联的（甚至具有创伤的）单一世界。[1]

第四节　中国当代的意识形态

当代中国的意识形态主要与如下几个因素密切相关：以儒家为主的传统政治思想文化及其实践的影响；西方的持续影响；毛泽东以来的中国马克思主义的政治实践。

以儒家思想为主的中国政治思想传统具有独特的政治理解。传统儒家的政治理想是某种合理的社会等级制体系，在这一体系中每个人都按其身份而具有清楚的位置，并且通过清晰的道德义务与他人联系在一起。统治者位居这一等级系统的顶端，但也受相应的义务约束，因为统治被理解为一种服务。在儒家理想的国家运作中，居于中心的是士绅阶层或儒家典籍中

---

[1] *The Cambridge History of Twentieth-century Political Thought*, 2003, Chapter 16.

的"君子",即那些具有良好道德教养,有能力辅佐君主的人。[1] 士绅阶层协助君主处理政治和社会事务,而在这种政治系统中居于首要位置的并非个体的权利或利益,而是得到特定理解的共同利益。

虽然西方早在几个世纪之前就开始了与中国的接触,然而到 19 世纪中叶后这一接触才对中国社会产生更广泛和深刻的影响。这一影响涉及技术、制度、思想和文化的方方面面。在中国,西方因其先进的技术、强大的军事和政治权力以及相应的文化力量而为中国的现代化提供了某种参照系统。事实上,从"中体西用"、三民主义、中国化的马克思主义到新儒家,现当代中国的各种主流思潮或政治意识形态要么溯源于西方,要么产生于对西方的回应。

直接确定了当代中国主流意识形态的因素则是毛泽东领导下的中国化的马克思主义运动。这一运动区别于其他思潮的独特之处在于成功地建立了新的政权,新的社会主义政权确保了马克思主义在政治上的主导甚至垄断地位。依据汪晖发表于 1997 年的一篇著名论文《当代中国的思想状况与现代性问题》[2]中的划分,20 世纪后半期的中国化的马克思主义可以分为三种类型或阶段:第一种类型是改革之前的、强调不断革命和批判

---

[1] Mark Lilla, "Reading Strauss in Beijing," http://www.tnr.com/article/magazine/79747/reading-leo-strauss-in-beijing-china-marx.

[2] 汪晖的《当代中国的思想状况与现代性问题》一文最早刊载于 1994 年韩国知识界的重要刊物《创作与批评》(总 86 期),并引起讨论。《天涯》杂志 1997 年第 5 期发表了该文中文版,随即在国内外产生了广泛的影响和若干争论。

资本主义的毛泽东思想，这一类型排斥官僚化制度，具有理想甚至空想气质，并随着"文化大革命"的结束而暂告段落；第二种类型是改革的社会主义或实用的社会主义，主要通过推动市场化以及与国际资本主义体系接轨的方式来实现社会领域的变革。实用的马克思主义推进和确立了市场经济体系的主导地位，与此同时却回避意识形态的争论。中国化的马克思主义的第三种类型是20世纪80年代的人道主义的马克思主义，这种类型试图以马克思的早期文本中的人道主义资源来改造马克思主义：批判国家社会主义忽视了马克思学说中有关人的自由和解放的思想。

人道主义的马克思主义在政治上并不具有重要地位并且很快被边缘化，但其重要意义却在于先导了20世纪80年代中的新启蒙运动。新启蒙运动以"文化的现代化"为诉求，摆脱政治意识形态和学术建制的控制，开辟了一个建制外的相对独立的、却仍是公共的思想界。这一新启蒙运动内容庞杂，对外来思潮兼容并包，但都具有理性的批判意识，且对做出了普适性承诺的西方现代化的目标充满渴求。

然而20世纪90年代以来，新启蒙运动出现剧烈而迅速的解体：学术建制的因素推动了"思想"与"学术"的分化；市场经济的发展推动了人文关怀和世俗情怀的分化；公共思想的创新也受到获取意识形态霸权这一动机的侵扰，这其中最著名的表现就是1997年底开始出现的自由主义与新左派的公开对峙。自由主义者坚持启蒙的旗帜，致力于落实现代化目标中至今没有兑现的思想自由和政治改革,并且将落实个人财产权和实现经济自由理解为自由主义的核心内容。而新左派受非主流的西方新马克思主义的影响,强烈地批评西方主流的自由主义意识形态,提倡超越社会主义与资本主义,走一条中国特色的现代化道路。[1] 然而,新启蒙运动虽然解体了,其后果却影响深远。一方面,获得政治认可的马克思主义为了切合政治现实而导致本身的理论品格含混不彰;另一方面,新启蒙开启的各种思潮虽然理论鲜明却缺乏主流意识形态的身份承认。这一切似乎解释了当代中国意识形态的复杂性。

---

1 许纪霖:《启蒙的命运——二十年来的中国思想界》,香港《二十一世纪》1998年12月号。本节的理解框架和诸多内容来自汪晖先生和许纪霖先生的前述两篇重要文章。

捍卫自由

编者按：本文原刊于 2011 年 2 月 1 日《第一财经日报》。

罗尔斯对自由的辩护的实质在于指出，自由是道德生活得以形成的前提条件。

奥斯卡最佳影片《勇敢的心》中，主角威廉·华莱士被英格兰国王逮捕并残酷处死。临刑时，监刑的神职人员希望华莱士祈求恩惠以获速死，华莱士却用尽最后力气，大声喊出震撼人心的"自由"（freedom）一词。

这一幕就其背景而言倒也非无稽之谈，因为早在 1215 年，英国就订立了约束国王绝对权力、尊重司法程序的自由大宪章（Magna Carta）。到近代，自由理念更是获得艺术家的青睐，其中最有名的应该算是法国浪漫主义画家德拉克洛瓦创作于 1830 年的名作《自由引导人民》：健康、有力、美丽的自由女神高擎三色旗，领导革命者奋勇前进。

事实上，自近代以来，自由一直被西方思想家标识为最重要的政治和道德价值之一。在法国思想家贡斯当（Benjamin Constant）看来，古代人的自由表现为积极而持续地参与集体权力，现代人的自由则表现为消极自由权利，主要由和平的享受、私人的独立以及选举权构成。他的界分为 20 世纪的政治思想家以赛亚·伯林所拓展，后者在 1958 年的演讲《两种自由概念》中,明确区分了"消极自由"和"积极自由"。所谓消极自由即外在障碍的缺失,积极自由则指按照人类特有的尊严和价值来行动和生活。

作为新政的实施者,富兰克林·罗斯福自然对两种自由主义传统具有相当的体认。他在1941年1月致国会的咨文中提出的四大自由,实际上提供了一个包含两种自由概念的经典论述。其时在欧洲,英国成为希特勒铁蹄之下唯一幸免的民主国家,陷入苦战之中。由于国内普遍的孤立主义情绪,美国只能对英国给予间接的物质支持。在国会咨文中,罗斯福总统要求国会根据租借法案,把必要的武器装备提供给他认为其防御对美国利益至关重要的国家——英国。他号召美国人做出牺牲,而未来美国要建立一个基于四项人类基本自由之上的世界,"这并不是对一个渺茫的黄金时代的憧憬,而是我们这个时代和我们这一代人可以实现的一种世界的坚实基础,这种世界,和独裁者想用炸弹爆炸来制造的所谓'新秩序'的暴政,是截然相反的"。这实际上是罗斯福政策的纲领性宣示,为其外交内政确立了明确的基调。

所谓四大自由即言论自由、信仰自由、免于匮乏以及免于恐惧的自由。虽然在国会咨文中具有较特定含义,抽离出来却具有更普遍的内涵。信仰自由和良心自由所指基本相同,是消极自由概念最核心的内容,意味着公共权力不介入个人的信仰和观念,保障每个人建立自己的世界观的权利;言论自由指按照自己意愿在公共领域自由地发表言论以及听取他人陈述意见的权利，言论自由通常被认为是现代民主不可或缺的组成部分；免于恐惧的自由既涉及和平和安全的外部环境，也涉及法治所包含的权利：免于随意逮捕和羁押、人身保护、审判的正当程序等内容；免于匮乏的自由则与积极自由概念密切相关，关涉到个体有权利在物质和经济利益、社会、文化和教育等方面获得基本的保障，其基本的理念是每个人都能够过上基本得体的生活，社会不能让任何一个人掉队或落伍得太远。

罗斯福的四大自由观念可谓自由主义政治实践传统的一个典范表达。后来，罗尔斯等思想家皆有基于其理论的辩护。罗尔斯的契约论辩护方案认为，在某种理想化的契约处境中，理性行为者会选择正义两原则：平等的自由原则将个体的自由放在优先位置；差异原则要求在物质财富和经济利益的分配上应尽可能向弱势群体倾斜。他的辩护最终基于康德的先验论路径：唯有在平等的自由原则的框架下，公民才能实践其道德能力，形成合理的道德生活。这一辩护的实质就在于指出，自由是道德生活得以形成的前提条件。

辑二 爱与信

重回《理想国》

逾越政治

感谢曹帅先生约请笔者撰写这篇小文。不同于波普尔对《理想国》的极权主义指控以及施特劳斯学派较现代的解读，本文认为：柏拉图《理想国》中的"哲人王"观念的本意是让权力听命于智慧和理性。这与其说是一种笨拙的政治措施，不若说柏拉图实际上锤炼出了一个复杂而最深刻的政治原则：在寻求好的政治秩序的时候，只有在最好的政治秩序也不是最好的生活方式的时候，政治秩序才是最好的。换句话说，在对美好生活的寻求中，好的政治秩序必然是某种被逾越的东西，存在一个构成政治的界限的、比好政治更美好的领域。这样的一种洞见虽然不能现实地制约权力，却在心灵中深深地洞察了权力作为工具的本来面目，并为恰当的政制安排准备了理性基础。

编者按：本文写于 2012 年 9 月 20 日星期四，刊于 2013 年 1 月 18 日《中国社会科学报》。

现代人对柏拉图有关"好城邦（Kallipolis）"或理想国的政治观念常常抱着一种不无惧怕的敬畏，而这部分源于柏拉图的政治思考天然地镶嵌在其瑰丽精微的整个对话录体系之中：一方面，柏拉图的对话录是古典学术和哲学思想的最深最早的源流，学者们在深受其教益的同时惯于把"共产共妻"、"哲人王"等令人惊愕的政治主张作为古旧的神话一笑置之；另一方面，当有人试图从现代人道主义、自由或民主的价值立场去严肃地批评或攻击柏拉图的政治主张的时候，却常常因为无法提供一个可与柏拉图相媲美的思想基石而显得幼稚可笑。后者在现代最有名的例子当是波普尔在《开放社会及其敌人》中对柏拉图好城邦的"极权主义"观念的严肃攻击了：在那个抵抗纳粹的特殊时代，波普尔为了捍卫自由和民主而对柏拉图思想所作的诚挚批评和驳斥确实赢得了广泛的同情和听众，不过随着作为波普尔思想基石的批判理性主义和其朴素的历史虚无主义的沉寂或湮没，波普尔对柏拉图的批评被认为是粗糙而不自量力，而柏拉图依旧熠熠生辉。

然而上述态度或理解显然错失了柏拉图"好城邦"政治思想中可能具有的积极含义。施特劳斯派则为柏拉图的政治思想提供了一种较为积极的理解。在施特劳斯派的理解中，柏拉图的好城邦仅仅是一种反讽，揭示了城邦或政治生活的本性和限度：建立满足人的最高要求的好城邦是不可能的；城邦生活或政治生活是一种不完美的处境或状态，这是人类的一种根本处境。不过在建构这一理解时，施特劳斯派似乎将宗教和形而上学论题都从"哲人"身上剥离了，单单为哲人保留了一种求真求知的生存姿态，从而为柏拉图的政治哲学提供了一个极为消极而小众的主旨诠释：求真的哲人如何在城邦或宗教-权力联盟中生存并为哲学的生活辩护。然而，在这种理解中，单薄的、纯粹求知的、具有不可知论色彩的哲人形象显然是一种过于现代的刻画，而将宗教和形而上学论题从柏拉图政治思想中完全剥离开来也是一种没有理据的做法，两者结合起来则导致了对柏拉图"好城邦"要旨的误解。纵然最终表明"好城邦"是不现实的，柏拉图的"哲人王"这一提议本身就揭示了一种远较"在城邦面前为哲学辩护"积极得多的主旨。那么，柏拉图"好城邦"的主旨到底是什么呢？

在《法律篇》中，柏拉图已经让《理想国》中的"共产共妻"让位于"各有其家室"作为较现实的制度安排，因此这里仅仅简单考察"哲人王"的观念来探究《理想国》的主旨。《理想国》是这么陈述的："除非，或者哲学家们在我们的这些城邦里是君主，或者那些我们称之为君主或掌权者的人认真地、充分地从事哲学思考，并且这两者，也就是说政治力量和哲学思考，能够相契和重合……那么我们这些城邦的弊端是不会有一个尽头的，人类的命运也是不会有所好转的。"哲人王的观念即：为了实现好城邦而要求权力与智慧在人身上的重叠或契合。权力和智慧是如何契合的呢？那就是权力要追随和听命于智慧，而不是智慧听命于权力；从而在好城邦中，哲学和智慧是优于权力的。在《理想国》中，柏拉图是这么讲的："本来是要去进行统治的人们却最不热衷于去进行统治，这个城邦，必然地，它将是一个被治理得最好、最安定的城邦……如果你能够找到一种生活方式，它对于那些要去进行统治的人来说，是一种比那进行统治更加美好的生活，那样，你那个城邦才可能成为一个治理得很好的城邦。"（520d–521a）

抛开柏拉图关于"好城邦"的种种具体的政治措施构想，抛开在现实中实践"哲人王"的笨拙尝试（包括柏拉图本人的叙拉古之行），在"哲人王"理念这里，柏拉图实际上锤炼出了一个复杂而最深刻的政治原则：在寻求好的政治秩序的时候，只有在最好的政治秩序也不是最好的生活方式的时候，政治秩序才是最好的。换句话说，在对美好生活的寻求中，好的政治秩序必然是某种被逾越的东西，存在一个构成政治的界限的、比好政治更美好的领域。在柏拉图那里，逾越政治的是哲学，这在《理想国》中被明确理解为对不变的理念世界或存在的沉思，而在《斐多篇》中则更具有神秘色彩：哲人被理解为渴望死亡、渴望摆脱肉身回到纯粹的不朽的灵魂世界的神秘主义者或酒神祭司（Bacchant）。因此，表面上看，哲人王的观念是一个极为激进的政治构想，实际上则恰恰为政治划定了界限。

这种以更高的领域为政治划定界限的构想的意义在于：在政治之外确立了一个独立的价值标准，可裁决政治领域的事务而且贬低了政治的重要性。这意味着在价值秩序上约束了权力，如果说不是从制度上制约了权力的话。后一点，柏拉图是在《法律篇》卷3中通过分权、法治和强调好的政制必须是自由与权威的结合等制度安排来完成的。然而，在价值秩序上约束或蔑视了权力这一点却在柏拉图那里具有更深刻的理由：美好或正义的生活是追逐智慧的生活，哲学家是在被惩罚的威胁下才不情愿地下降到俗世中去处理流变不居的政治事务的。许多人不满于柏拉图在建立"好城邦"时对权力的深深依赖；然而，如果理解到柏拉图逾越政治的洞见，则实际上柏拉图只不过是像使用奴仆一样使唤权力：权力仅仅是工具或奴仆，而不可能具有主人或优越的位置。这样的一种洞见虽然不能现实地制约权力，却在心灵中深深地洞察了权力作为工具的本来面目，并为恰当的政制安排准备了理性基础。

柏拉图关于逾越政治的原则事实上一直得到继承。亚里士多德几乎以一种更严格的方式将柏拉图的洞见明确陈述出来：一方面承认人是天生的政治动物，并在《政治学》卷3中努力辩护了自由公民的宪政制度，但另一方面在《尼各马可伦理学》中又将冠冕授予具神性的沉思生活而不是具有实践美德的政治生活，认为后者只是第二好的。拉丁教父奥古斯丁甚至更用基督教信仰来吸纳亚里士多德"人是政治的动物"的基本论断，从而将政治放到了一个更为卑微的位置。在《上帝之城》中，奥古斯丁说："我们走向的，是上帝；我们走过的，是人。"这里，政治几乎被遗弃了。

为了更好地理解柏拉图逾越政治这一原则，我们再来审察波普尔对柏拉图的具有代表性的现代批评。剔除了其自身并不高明的理论辩护，波普尔对柏拉图式的"好城邦"的抨击仍然是动人心弦的："我们绝不能回到封闭社会的所谓纯朴和美丽中去。我们的天堂梦想是不可能在尘世上实现的。……对于吃过知识之树的人来说，天堂已不复存在。……回到和谐的自然状态是不可能的。如果我们走回头路，那么我们就必定要走到底——我们必定回到野蛮中去。""这种非理性的态度源于迷恋建立一个美好世界的梦想，我称之为浪漫主义。……即使怀抱着建立人间天堂的最美好的愿望，但它只是成功地制造了人间地狱——人以其自身的力量为自己的同胞准备的地狱。"在这两段著名的论述中，波普尔实际上提出了三个响彻当代政治思想的重要主题：1.理想的天堂不可能在尘世（政治）中实现；2.不存在理想天堂（没有逾越政治并约束政治的价值领域）；3.建造尘世天堂的努力将直接通往地狱。

然而，这三个主题无论就其自身而言还是就批评柏拉图而言都是似是而非或未有定论的。依据前面的解释，论题1"理想的天堂不可能在尘世（政治）中实现"，本来就是柏拉图的政治原则；论题3虽然貌似能从诸如纳粹主义、法国大革命中的暴力等历史事件中得到验证，然而实际上却是似是而非的。一种更准确的判断或许是：诸如纳粹主义等错误不在于追逐了某种理想或天堂，而在于追逐了错误的理想或以错误的方式追逐了理想。仅仅因为某些错谬的理想深深地玷污了人类历史而否定一切高远理想的可欲性是因噎废食。当代人最大的问题或许不是美善理想的诱惑，而是不敢信赖美善、不敢相信和坚持绝对的美善。

论题 2 "不存在理想天堂（没有逾越政治并约束政治的价值领域）"则是一个既未得到澄清又未得到确证的论题。情况很复杂，一方面，像柏拉图的逾越政治这样的原则在近现代政治思想中却仍然具有清晰的脉络：譬如洛克《人类理解论》中处于神性眷顾下的自由概念、康德的自律和人的尊严概念、罗尔斯对康德的继承以及其后期的政治文化传统的概念；在这些观念中，我们一方面能找到建立政治秩序的道德资源，又发现这些道德资源逾越了政治或延伸到纯粹的政治秩序之外。另一方面，延伸到政治之外且逾越政治的视域逐渐模糊甚或不可见。在当代，整体而言，相信某种逾越政治的价值秩序确实变得更艰难了。近现代以来，政治或政治论述逐渐获得了自主性。我们所谈论的自由、权利、平等、利益和正义等价值大多是在政治领域内建构起来的。虽然这些价值并不等同于权力，却已经离得太近而很难维系一个明确的优先位置。如同披头士的名曲《Imagine》所吟唱的，当代人的普遍想象是一个"上面没有天堂、下面没有地狱，头顶蓝天，人们为当下而活"的世界。

这篇小文不能讨论"不存在理想天堂（没有逾越政治并约

束政治的价值领域)"这一争议,仅仅指明这一争议仍然是极为敏锐地触摸着当下的政治实践:当正义的制度尚付阙如,当那些坚强的人们还在为自由和平等付出沉重而可怕的代价的时候,他们常常以甘心的行动显明,他们所委身的不仅仅是政治本身,而且是一个逾越政治的领域。

生命的厚度

读《这个世界会好吗》札记

编者按：本文写于 2012 年 1 月 26 日星期四。根据许纪霖先生 2012 年 2 月 6 日与作者通信中的建议修改后收录。

在去东南亚的旅程中阅读了梁漱溟的《这个世界会好吗：梁漱溟晚年口述》（天津教育出版社，2011年版）一书，心里豁然开朗，直觉得这本书是一本非常伟大的书。飞机上已经读了一半，到马六甲市就已经读完了。可是当时虽然想写札记，却苦于没有电脑，就是找到电脑也没有中文输入。只能拖到现在了。

这本书其实是梁漱溟的研究者、著有《最后的儒家——梁漱溟与中国现代化的两难》的芝加哥大学历史学教授艾恺（Guy Salvatore Alitto）在1980年来北京对梁漱溟进行的长达十余次访谈的录音记录整理。这一系列访谈涉及梁漱溟的思想和人生经历，对儒佛和中国文化的理解，与重要历史人物的交往和对他们的臧否，对历史、未来和现代性的理解。在1980年那个时间点上，梁漱溟对一个能获得其高度信任的外籍学者进行完全敞开、无所不涉的长谈，不仅仅具有重要的史料价值，这一访谈也因为梁漱溟本人深邃、独立的判断和悠长岁月的铅华洗尽而极具思想价值。

在梁漱溟的口述中，出现了毛泽东的较其他叙述更为复杂的图景。梁漱溟说："最伟大的中国人物恐怕还是毛泽东。"（《这个世界会好吗》，页126，后引本书只注页码）理由有二：

其一，毛泽东没有任何凭借，十五六岁还在韶山乡里种地，光身一人创造了一个新中国，是真正的雄才大略（页66）；其二，梁漱溟四九年在重庆接触过解放军，发现在四野（林彪）、一野（彭德怀）和二野（刘伯承）部队间有冲突和摩擦，特别只有林彪的部队装备精良，而其他部队则很穷，还很担心共产党军队天下未定就开始内部争夺了，但事实上毛泽东却把军队治理得服服帖帖。（页87—88）

其次，梁漱溟对后期的毛泽东的过失也是洞若观火，虽轻描淡写却切中肯綮。"什么事儿都揽在他手里头。到了晚年就不行，到了晚年人就糊涂了。这个时候旁人没法救，因为他的威望太高了太大了。那个'四人帮'实际上还是他引出来的。……毛主席的话就是法制、大家都是在被动，几乎就是他一个人在那儿动。大家跟着走……"（页66—67）在对一些历史的评点上，虽然梁漱溟似乎回避了中国，但其清晰的意识和理论却很容易应用于中国的处境。（页107—109）梁漱溟对毛泽东的勾勒虽然远远没有其他一些论著那么细致，却是一个更丰满而有厚度得多的形象。

然而，在这里吸引我的却不是哪一种毛泽东的形象更为真实，而是史家或个体看待或投向历史的目光本身。梁漱溟（1893—1988）经历了五四运动、军阀混战、抗日、内战，从事乡村建设、成立民盟以推动合作建国、"文革"中受到批判，在访谈回忆中他对军阀混战的惨状尤为痛切。使得我格外好奇的是：相比于20世纪50年代生的学者，梁漱溟个人或许经历和见证了更多的苦难、动荡和险恶，可是梁漱溟的论述却流露出更多的从容、豁达和乐观；相较之下，后两代的学者对启蒙价值的认受诚挚，但往往显得那么脆弱而令人担忧。为什么会是这样？

在阅读《这个世界会好吗》的过程中，我有了这样一个初步的印象和解释：梁漱溟的思想是基于其丰厚的个体生命的，而后辈学者则没有机会获取类似的思想资源和生命厚度。而正是丰厚的个体思想和生命使人有力量从容而豁达地承受命运的动荡和历史的冲刷。

梁漱溟有厚度的生命可以从这几个方面获得解释。从家族和文化传统上看，梁漱溟本人是官宦书香门第，具有深厚的家学渊源。并且，梁漱溟很早就获得梁启超、章士钊、章炳麟、蔡元培等人的提携和栽培，更从与李济深、陈独秀、李大钊、蒋介石、毛泽东、熊十力、欧阳竟无等政治、社会、文化名流的交往中获取了历练和洞察。

一个更重要的因素是，梁漱溟从小就从儒家和佛教中汲取了深厚的生命资源。梁漱溟自认为是一个儒者，也是一个佛教徒。他从小素食，非常之认同佛教尤其是玄奘传统的唯识宗。梁漱溟认为自己一生的心理和精神本源在于佛学。（页127—130）他是如此地虔心于佛学，以至于毫不留情地指斥熊十力搞的新唯识宗完全与佛学无关，是对佛教的纯理论的构造品；梁漱溟还说他后悔请熊十力去北京大学讲佛学却也没办法辞退之。他说熊十力是一个凡夫，没有做过实际修养的功夫，新唯识宗是胡闹。(页57、页74)虽然如此,梁漱溟又走在儒家的路上,按他的说法,这是"极高明而道中庸"的路径。梁漱溟对儒家的认同偏重程颢和王阳明的心学传统,主张明心见性致良知。他甚至让人惊愕地说"我觉得我对孔子的了解,懂得比宋朝的朱子——朱熹,懂得要多一些"。(页111)他还在唯识宗的框架内来理解儒家,认为儒家与佛教的区别就是:儒家只破"分别我执",而不破"俱生我执",而佛教则是两执都破的。梁漱溟似乎认为自己是爱慕佛教,但因为还是平常人,所以就只做了一个儒家。(页130—131)显然,梁漱溟的儒学带有强烈的佛教色彩,他强调儒家是一种生命的学问和功夫。正因为这样,梁漱溟说自己的学生冯友兰根本不是儒家,而是玩世不恭的随风转舵之辈。(页52—53)梁漱溟对人物的臧否或许不会赢得普遍认同,但其臧否的坚决和掷地有声却揭示了其生命和思想资源的深厚和强大。

正是这种深厚的生命和思想资源解释了梁漱溟的豁达、自信和乐观。既对生命及其历史际遇充满怜悯,又能对特定的苦难抱有一种"天地不仁以万物为刍狗"的淡定态度。这种淡定不是真的淡漠,而是在介乎出世入世之间的梁漱溟看来,生命或灵性并不仅仅只有其在历史政治中展现的那个维度。正是这种对生命和灵性的强调能超越个人的、政治的和历史的际遇,从而使人免于受伤。

无论我们的脆弱处境如何艰难,我们都有必要像梁漱溟那样拥有思想和生命的厚度,才能够豁达地委身于政治理解或事业而不至于为其所伤。只有从丰厚的思想和生命中汲取能量，才能豁达而充满希望地以人性之光透射历史和政治的幽暗之处。并且，脆弱的处境并不绝望。承续前辈的努力，当代学人是更有可能在追求和实践启蒙的政治价值的同时，获致丰富的思想资源和生命厚度的。况且，从普世的视角看来，这种努力也不孤单。就是在当代西方世俗的分析传统中，也不乏这种追求整全生命的努力。譬如新近因发表《论真正重要之事》而震撼伦理学界的德里克·帕菲特（Derek Parfit）就大胆地确认对道德真理的直观，并勇于承认自己是一个独断的理性主义者（dogmatic rationalist）；更何况各种伟大的宗教和传统价值向来都对我们敞开大门——无论作为信念还是作为思想文化资源。

致保松君

保松君：

　　你好。

　　刚刚读完你的《相遇》一书。其中只有《做个自由人》中那篇《政治哲学对话录》的序言以前好像逛书店时扫过一眼；《活在香港：一个人的移民史》是重读。

　　书是周六晚陪朋友逛旺角时候在序言书室买的。周日午后去离岛 Park island 拜会几位朋友，今天周一是一天繁忙而有些沉闷的研修班活动。抽空依序对《相遇》一篇一篇从头到尾仔细读完，爱不释手，甚至颇为激动：其实以前见过面，吃过饭，中大那个会议上还听你讲过 John Rawls，咋就没注意到你竟如此卓尔不群。由于介于散文和学理论述之间，难以说每一篇都已经构成学理性的典范之作，不过《宽容与爱》一文中对耶稣受难的颇为大胆而有穿透力的非神学视角的探究对我而言非常有力，虽然未必即刻完全认可；《个人自主与意义人生——哈佛学生的两难》一文中对 D. Faust 的毕业生演讲的精细分析让人叹服。不过最让我敬服甚至激动的却是整个文本中展现出来的厚重、卓越的学术力量与让人惊叹的个人品质和关怀的近乎完美的契合：一方面是对 Rawls、Nozick、Charles

Taylor、Kymlika 等人以及当代自由主义、政治与道德的张力等主题的驾轻就熟；另一方面，对正义、美好生活的渴慕；对自由、民主的理性的认可和支持；对学生和别人成长的关怀和尊重；真诚的心路历程；对书和知识的热爱……真实的美好品质在细腻而平实的文笔中坦露出来。这种品质并非源自不凡的个人天赋才情，而是在与陈特、沈宣仁、父辈、新亚传统、香港这样的偶然而可贵的历史脉络中逐渐浇灌和成长出来的。

我自小资质驽钝，读大学后在胃疼和其他苦况中转向一种较为注重灵性体验和未曾明察的反智主义的福音派新教，除了曾经谙熟《圣经》外，几乎不能读书，也缺乏学术训练。后来在北大念研究课程，再在浸会读博士，结果却是远离信仰，有一阵子居然跟住一起的一个数学博士学习些基本的微积分和线性代数，书仍然读得少，因此很难说自己对《相遇》的看法很准确，因为依据的是自己的直觉判断。

虽然书读得少，这些年也先后敬重或喜欢过一些人和作品。就同辈人来说，李猛、林国华、吴飞……等都曾让我钦佩不已，还有身边的亦师的人物如周濂、崇明……等人。但《相遇》仍然具有迥异的、动人心弦的力量。举我最喜爱的林国华为例，他在对古罗马、文艺复兴经典的研读中表现出一种华丽飘逸的纯粹学术品质。然而，他的作品虽提供了理智的审美，却无法让人心灵相随；相反，能感受到他那无法安放的心灵在经典中踌躇，甚至都没法预测其心灵最终将栖身何处：是卢梭对自由平等的浪漫情怀，还是海德格尔对纳粹暴政的不幸涉足？《相遇》除了同样的学术品质之外，却可靠地展现了一颗潜在的伟大的灵魂的成长、成熟及其光芒四射的力量。

  不知道本周五到周日哪天傍晚你有空？我打算去中文大学拜访一次，领受些教益；不知道你那本《政治哲学对话录》手头是否有，若能蒙赠一本最好。我自己最近在读《正义论》第三部分罗尔斯关于 goodness as rationality 的论述，希望逐渐地慢慢多些理解、多读些书。回来一年，承蒙崇明、文瑾、四友等人引入到许纪霖、刘擎等老师的思想圈子，颇受教益。记得在香港时，我不去教会，也不太关心政治，颇为 cynical, 对一个朋友宣称：在 13 亿人中，一个个体及其努力和反抗是如此的渺小可以忽略不计甚至毫无意义。然而回来一段时间，却从另外一个角度来看了：不公正对每一个人的压抑和伤害是如此的真实和痛苦，反抗以至于成为个体不可避免的命运。

绪林 拜上

2010 年 6 月 22 日于九龙塘

爱与正义

评周保松《走进生命的学问》

本文写于 2012 年 4 月 11 日星期五，评论的是周保松先生的新作《走进生命的学问》，刊发在《南风窗》今年第 12 期（2012 年 6 月 6 号）上，有较多删节。

编者按：原书作者周保松回复："绪林，今夜读了你的文章几次，有很多感受。实在说，我的为人与学问，配不上你这么高的评价，所以读你的文字，令我觉得自己要更加努力。但你的文字，真的打动了我，因为从你的文字，我反而读到更多的你，甚至读得有点隐隐作痛。……你的文章题目起得很好，爱与正义，的确是贯穿我生活的底色。谢谢！保松"

端坐案头，摆在眼前的是保松君的新著《走进生命的学问》一书，心里竟有点恍若隔世之感。数年前在香港，偶然读到保松君的《相遇》的时候，我是极为震撼的：文本中展现出来的厚重的学术穿透力和让人惊叹的个人品质的近乎完美的契合，实在让我对保松君极为敬仰。那时我还专门跑到香港中文大学拜会保松君领受教益。此时，刚刚阅读完奥古斯丁卷帙浩繁的《上帝之城》后，回头再来拜读保松君的论著，虽一如既往地敬佩保松君融学术和美好生活于一体的实践，却也平添了一丝深切的询问。

《走进生命的学问》是保松君的一部随笔集。不同于普通学术随笔的是，此书记录了一个有承担有委身的青年学者真实的人生经历和心路历程，由"学生""老师""大学"和"回忆"四辑组成，穿插了大量珍贵的图片。其中，《活在香港——一个人的移民史》这篇颇有影响的文章记录了保松君小时候从广东西部某偏远地区移居香港并逐渐获得身份认同的故事，其中浸透着对新移民艰难生活的同情和对香港社会的反思；另一些篇章则记录了保松君在中大新亚书院、伦敦游学经历的一些人一些事：对保松的学术和心灵发生深刻影响的陈特先生、沈宣仁先生、高锟先生;在伦敦的书店徜徉和寻索;在马克思和以赛亚·伯林的墓园前的缅怀。

此书的另一部分则记录了保松君在中文大学担任教师后与学生的心灵交流和思想碰撞以及产生的话题:诸如对人生的价值和美好生活的反思、对政治的关怀和参与、对大学独立精神和文化的捍卫以及对自由市场霸权的抨击。让我这个也忝为教师的人非常惭愧和深感羡慕的是,保松君对学生是那么关怀和尊重,花费大量时间和精力引导学生并与之一起成长,并赢得了学生的尊重和喜爱,称保松君为"亲切的松子"。扪心自问,自来上海做起大学老师后,我常常是回避着学生,独自行走在自我救赎的路途上。唯一暂可自谅的理由是:保松之光华照人,也依赖其学养深厚之故,不是我可随便效仿的。正如最近读到的尼撒的格列高利(Gregory of Nissa)在《摩西的生平》中的教导:"不要擅自在教训中劝告你的听众,除非你像摩西那样经历了长期而艰苦的训练之后,完全具备了这种能力。"

在保松君的文章中,对当代政治思想尤其是自由主义、政治与道德的张力等主题的谙熟,对正义和美好生活的渴求,对自由民主的理性而温柔的认可和支持,对学生和他者的尊重和关切,真诚的心路之旅,对书籍和知识的热爱……真实的美好品质在细腻而平实的文笔中坦露无余:这种品质不仅仅源自保松君不凡的个人才情天赋,更是在与仁德的长辈、新亚传统、香港、英伦这样偶然而可贵的历史脉络中逐渐浇灌和成长出来的；保松君也以一种虽千万人吾往矣的心志将这种美好的品质践履出来。难怪其挚友陈日东先生感叹说保松是新亚精神当仁不让的继承人。

陈日东先生在作为"代后记"的《可有可无的灰尘》这篇灵动的独白式对白中挑明了《走进生命的学问》一书的题旨：用爱来消融自由或自由主义内在的张力。正如保松君所言："决心做个公正的人，就像投入爱情一样"；"……最高的目标，是使人学会了解自己善待自己，学会看到他人的苦难，学会爱"。陈日东先生与保松君一样，深刻地感受到并不满于奉经济至上为圭臬的自由市场霸权的肆虐对普通市民造成的损害。不过，陈日东先生最终却期盼这种爱与自由的融合能导致将正义概念推展到其他物种身上——陈日东先生称之为"地球公民主义"，一种类似于动物保护主义的理念。

在我的视角看来，陈日东先生的"地球公民主义"或许未能很好地把握住保松君思想最珍贵的含义，而且这与陈日东先生思想中的虚无主义底色相关，后者太容易从脆弱而弥足珍贵的人类之爱滑向普世的物种关切。在我看来，作为学者的保松君最珍贵的因素是他对正义的一种经验的、真实的、亲切而富于理解的爱：这种爱表现为对他者人格的尊重，对自由和法治作为制度和理念的了解和欣赏，对思想和言论自由的适用和捍卫，对平等和社会运动的关切、参与和支持。这一切，既与保松君成长于香港、游学英伦耳濡目染的经历相关，也与保松君走出书斋，知行合一有关，更由于香港这个有着悠久的法治和自由传统的东方之珠为保松君的实践提供了良好的制度框架：寻求正义，保松君不必付出沉重或痛苦的代价，不必人格分裂，所处的社会也有空间正面包容对正义的寻求。这样，在公众面前，保松就无保留地呈现出一个纯粹的、完全可信赖的心灵。说到这儿，不由得回想起大概 1997 年春的时候，那时候我在中国人民大学念书，某天在西区食堂二楼吃饭，大屏幕上播放着罗大佑词曲的《东方之珠》群星版 MTV，那感伤、浪漫而不无忧虑的歌声深深地印入了我的脑海，也让香港成为我心中的向往。如今，已渐渐成熟的保松君也日益成为香港的灵魂守护者了。

　　反观我们的周围，负载的枷锁就太多了，可信赖的心灵太少了。曾引领思想潮流的学者，竟或因被怀疑志在为权位谋而清誉有损，或因卷入学术不端而被人诟病，或因埋首书斋对于普遍的不义漠然置之使人颇生现代犬儒之感。青年学者，就算是坚持正义理想的，也不得不在复杂而扭曲的社会中学会生存下去，而这可能意味着妥协、让步、复杂化和人格分裂。更不用提，对于公共领域的正义我们还常常缺乏经验的具体而微的知识和理解。因此，在我们的周围，甚少有完全可依赖的心灵：面对一个个理想的叙事和人物，我们常常不自觉地质疑其背后的动机和利益，至少对那份理想打个折扣。这是我们所有人的代价。在这样的背景下，保松君的完全可信赖就显得弥足珍贵了。可以说保松君是可以打动人，值得人完全信赖的——尤其对于年轻人来说，更是可仰赖的良师益友。这不仅仅是就保松君这个人而言，还尤其包括他所委身的正义、责任与美好生活的理念。

然而，如果说保松君是可仰赖的，是打动我们的心灵的话，那么保松君和他的理念对于我们的理智是否是有说服力的呢？用王国维的术语，保松君可爱，是否亦可信呢？

在自序中，保松君说："我怎样才能活好自己的人生？……我是自己的主人，得为自己做决定，同时对自己的决定负责。……我开始意识到自己可以做个自由人，自我探索自我创造自我实践。但自由意识愈强，伴随而来的，不是轻省不是快乐，而是责任，非常沉重的责任。"在另一篇《独一无二的松子》中，保松君更说："我其实不可以不想，因为我是人，有自我意识和价值意识。我如此清楚见到自己在活着，见到当下眨眼成过去，见到自己作为独立个体在默默走着自己的路。更重要的，是我无时无刻不在衡量自己的生命。我们心中好像有杆秤，要求自己每天要活得好。"这些话其实也陈述了保松君基本的学术和人生理念。迄今为止，保松君的学术研究以罗尔斯为主线，在更广泛的意义上他是一个康德主义者，坚信着人的自主和责任，追求着自由人的平等政治。

让我疑虑的是：保松君的理念对他者是否在智识上有足够的说服力？自主和自由人的道德预设固然不错，是否足够充当支撑美好生活的基石呢？仅仅举出几个例子就可以做出某种澄清。摩尔（G. E. Moore）在《伦理学原理》中曾批评康德把"善的"和"意愿的"等同起来的做法；基督教现实主义者尼布尔（Reinhold Niebuhr）在《道德的人和不道德的社会》中指出：康德"人是目的"的绝对命令并不是单纯的理性的伦理准则，其背后有来自基督教的宗教理念所提供的支持；在《追寻美德》中，麦金太尔更指出：从康德的自律意志滑向尼采的超人意志只有一步之遥。

这些质疑不是决定性的，但足以削弱保松君的自由人理念：或许作为保松君个人践行的理念是足够的；甚至当保松君试图努力走向更广阔的世界，与他者沟通的时候，这一理念仍然可以充任交往的媒介；但当保松君试图呼吁和说服他者一起行走这条自由的美好之路时，自由人理念则未必总是能令每一个理性的心灵服膺。

这种疑虑在陈日东先生的文章中也有所反映："哲学生于忧患，而保松遭遇的不如意事偏偏有限……痛苦，对保松来说，是完整人生中不可或缺的一环，而非贯穿生命的底色。"在这种意义上，或许保松是一位蒙福的宠儿，能乐观地践履着自由的理想，能乐观地关爱，然而他的自由人理念对古道热肠而又浸蕴着虚无色彩的智者陈日东先生是存疑的，对我这样相信美善之存在，却在自我的疏离与残缺中挣扎和寻求拯救的人来说，也是尚不足以浸蕴心灵的。或许保松君仍需要在智识上摆脱蒙福的处境，触摸在罪错中受难的大地。

当然，除了自由人的理念外，保松君所拥抱的还有爱的理念，而爱或许较自由更具体更有穿透力。这样，就我的理解而言，保松君的理念本身或许足够支撑和解释存在和美好生活了。然而，独立于自由的爱之理念在保松君的著述中尚未曾得到清晰的界说和辩护。奥古斯丁曾说："信仰，而后才理解（crede ut intelligas）。"我也期盼保松君能在随后的时日中为他所服膺的理念带出更广博、更丰厚的诠释和辩护。

其实我不热衷政治，

只是今夜还是很悲伤

本文写于 2011 年 11 月 22 日。

2012 年 12 月 13 日补记：风乍起，吹皱一湖春水。夜无眠。半夜还收到一些好意或含混的电话和短信。记得在去年这个时候写的一篇散文《其实我不热衷政治，只是今夜还是很悲伤》，刚好代表了此刻扰动不安而感伤的情绪。

保松兄传来林达的文字《2011 岁末的提醒》。读后不禁十分悲伤而又无法自控地抑郁。类似的情绪上一次要回溯到十月底：仿佛就在刹那，实实在在地洞察到一切都在暗中被掌控着、被监视着、被强迫着；而更绝望的是，那些平日也不乏各种人性美丽和光彩的人们（同事、学生、路人甲）也默默地或淡然地甚至主动地配合着这一幕。

我关心政治，但并不热衷政治。或许是因为孱弱的体质和沉静内省的人格类型的缘故，我对曾经极为熟悉的朋友们这些年来一直走钢丝般地行走在追求正义的路上并有所作为深感敬佩，却总觉得那不是我的事：我只关心自己，灵魂的拯救也好，安妥也好，就像某些西式小说里面出现的小怪人，"他照看着自己孱弱的、磕磕碰碰的肉身或灵魂，仿佛风中的蜡烛一样随时会被风吹熄了似的"。别的事，自由、摄影、美国偶像中 Archuleta 演绎的 "Imagine"、上帝、美丽的女孩、哈尔的移动城堡里美丽的风景，都可以感动我，却未必成就一生的委身和忠诚。

当然这一切也逐渐获得了理性的支撑，随着岁月渐长以至于能设想自己的死亡和坟墓后，更是如此。完全能够不乏快乐地生活在一个充满不义之地，并不需要委身正义：保持理性和清醒的认知，偶尔也帮帮手做点正义的事就好了。

美好的生活可以是无涉正义的：海子在 1989 年春天以自己浪漫的死亡诠释了他的正义无涉，他说："姐姐，今夜我不关心人类，我只想你。"而且那些为自由和正义而备受煎熬的人的面庞也未必代表着美好的未来。就拿我最尊敬的一位老师来说，他说，他心中没有仇恨，只有深深的爱。但那种经历了炼狱的爱，与仇恨一样，也有一种灼人的品质，与优雅或性感的爱截然不同，而我们普通人是天然亲近后者的。

还有更积极的理由让我或我们在不义之地处之泰然。实现了理想政治又如何？能消除我们人生的苦难、愚昧和平庸，能满足我们的渴望和幸福么？我不是要否定那些价值，而是让自己淡定：不能把人生的一切希望寄托在政治上，尤其是一些变迁上。东欧的 Michnik 在 1991 年说："像我这样的人参与政治的日子已经到了尽头……今天的政治已经标准化了，对于那些不把政治看作游戏而当作捍卫基本价值的方式的人来说，已经没有多少空间了。"

这样说似乎有点犬儒了，其实不然。意思只是让自己在缺乏时也能淡定。并且，就是在缺乏中，个体仍然可以努力维系个体的尊严，使得自己配得上一个正义国度（将到来的或乌托邦式的），做一个好的学者、一个出色的市民、一个有品位的人。就自己而言，也能在书籍中找到自己的乐趣：在自己的能力范围内，理解那些伟大的人物在人类复杂状况中对人类知性、美好生活及其限度、生命意义的探讨并予以汲取和实践，是一件何其美妙的事情。

　　写到这里我已经不悲伤了，很淡定了。可是促动我写的分明是刹那的悲伤和无奈。林达说："不介入现实政治的人，在某种情况下都会无法置身事外。这只是人之常情。"我努力地避开政治，只是有时候政治犹如癫痫一样偶尔发作，让人无法置身事外。

　　订了张票，期望寒假赶紧开始，我好去泰国马来西亚新加坡等地走走旅游一下，暂时回避一下上海彻骨冰冷的冬天和让人窒息的空气。

小札记四则

滚

孤独与爱欲

知性与存在

未曾虔信

滚

不久前,一个好像有点渊源的陌生人突然对我表示友谊,表现出亲近结交的意思。三番两次之后,一不小心,我被动地做出友好的回复。因为毕竟也曾同源,人家还说很久以前就见过我,而且人家现在是有些名气。结果初见伊始就好像是我的老朋友似的,人家关切地问:你有没有书要出;我有什么可以帮手;你来参加我的一个活动好不好?

好不容易才给出强的理由来拒绝,搞得我还似乎欠他的,而且还被迫维系着那种老朋友的交往的样子——所幸几乎不用怎么见到该人。其实,安静下来,我最想说的,也是最有力而有点不好意思的理由是:"滚!"

在当下这个世界中,充斥的是廉价的友好和利益圈、肉呼呼的叫嚣;缺乏的是真正独立的个体,优美而高尚的灵魂,纯粹而惊醒的爱。我们身边到处都是这样的人:一种平庸的友好已经变成了生存的方式和工具,这种友好基本上不指向美好、对善的敏锐和深刻,却主要是利益的扩张和交往的面具。它虽然本身不意味着恶,却缺乏对恶的遏制能力,甚至使得人在深深地卷入罪恶尤其是制度性罪恶时仍维系着道德人的假象。

这样,当"滚"还伴随着灵魂的严肃的时候,它常常意味着一种正当的距离,一种对生命、对自我和人格的真正尊重,也是对正义的守护。譬如，作为普通人，我们可能更需要一种清静和专注来成就我们灵魂的救赎和工作的义务。唯有当浮华褪去，万籁俱寂的时候，灵魂才能真正听到良知的召唤，才能苏醒过来，才能用生命的全部力量，去等候、去抓住、去守护那真正应当亲近的东西。毕竟，真正美善的东西是稀少而难觅的，犹如辛弃疾的诗词所言："众里寻他千百度，蓦然回首，那人却在，灯火阑珊处。"

当然，正当的"滚"也仅仅限于为美善和灵魂清空地盘，为正义和爱在灵魂中的莅临做好准备，因此，它与公共空间中那种歧视性的"滚"是两回事。当位高权重者说"滚"的时候，更可能仅仅意味着权力的不正当的、恶意的倨傲；而当卑微者言说"滚"的时候，则更有可能意味着灵魂的不屈和持守：卑微者缺乏权力去抵御侵袭，因此必须灵魂觉醒来防备被践踏。

这个社会充满着普通人，普通人的爱和痛、苦与乐。而世界有如此多的悲伤和苦难，人们难免需要抱团取暖，也需要分享快乐和善意。"滚"是不是太苛刻、太高调了呢？其实不然，平凡或平庸作为一种最常见的东西，或许是人类的出发点，但绝对不应该作为人类的归宿，也绝不应该是每一个个体的归宿。每一个真正的个体注定不应当是平凡、平庸或普通的。人，注定要成为人，一个灵魂觉醒、饥渴慕义的、完整的个体。我常常想，人生需要肩负多大的责任啊，甚至大到需要竭尽一切的力量去承担它，否则就不配过真正的、美好的人生。事实上也是如此，世界和社会上充斥着诸多的罪错、邪恶和杀戮，归根结蒂，除了自然和机遇的因素，很大的原因就是许多的人的沉沦——丧失了正义和善、部分地蜕化为低俗自利的动物性存在：因此人们彼此伤害，缺乏节制和美德，不能成就完美的人格，也缺乏能力和智慧去创造或维系正义而合理的公共制度。

然而，这种"滚"的姿态是否太消极了呢？那些欠缺而庸俗的友谊不也恰好指向某种纯粹的爱和灵魂的高贵，至少意味着未曾自觉的、未曾出声的呼唤和祈求么？一个觉醒的人怎么可以因平庸之故而拒人于千里之外呢？据说佛教的菩萨舍己渡人，而耶稣是为了拯救世人而来到人间的。最高的美德似乎与"滚"的伦理是背驰的，这似乎在更高的层面上否定了"滚"的伦理的正当性。

确实如此，"滚"的伦理肯定不是至上的美德。因而，一种"滚"的伦理可以只是在如下的情况下有限度地是积极有效的。当平庸和乡愿像致命的疾病一样席卷和吞噬一切的时候，"滚"的伦理以一种刺痛和骄傲的姿态向人们指出两点：一、真正的美善和高贵是稀少而艰难的，不是随便就会向我们敞开。《马太福音》中耶稣对门徒说："常有穷人和你们同在，只是你们不常有我。"比起与别人分享美善而言，获有和维系美善是更艰难更首要的事情。二、在更深的意义上，个体必须自我觉醒，自己承担责任，必须自己坚强起来，而不能将自己的生活推诿给他者。

2012 年 11 月 18 日星期四

孤独与爱欲

这两天重温了两部韩国爱情喜剧片《我的野蛮女友》和《我的小小新娘》：深夜漫天升起的烟花、长青树下深埋的信札和诺言、优雅的琴声与浪漫的玫瑰、青梅竹马的默契，争吵、牵挂与相拥……很美丽很温馨。我能欣赏和喜悦这种温馨的爱，却并不悲情地明见到自己似乎将注定"孤独一生"的前景：不数算外在条件的约束，我那在长久的旷野孤独和灵性沉思中铸就的灵魂已然既不适应也不想往那种相濡以沫的浪漫或平静之爱了。

灵魂更多地休憩于内在的放任和对有关救赎、真理和自由的追寻之中，我所需者是少量的爱欲（eros）。这种爱欲更多地关涉到对青春和身体美丽的渴慕，而较少关涉到长相厮守和灵魂契合——固然为了使得"色欲（lust）"成为"爱欲"，恒久性和灵魂也必须出现或在场，但强度不至于使得爱欲指向失去肉身美丽的对象。我不指望爱欲与孤独的灵魂能汇合在一起，或长久地契合在一起。

一个欠缺的自我在这个残破的时代中，这样孤独一生的路应该也是有尊严而美好的。自我迷恋于对灵魂的净化和对上主的救赎的寻求中，迷恋于对知识和品质的寻求，如若在茫茫人海中再遇或暂栖于一道海湾，就已经是很美好的人生了。如果说它有所缺乏，那么它欠缺的恰恰是对更高的爱的惧怕：在这种孤独一生中的自我已经是很自主而封闭的了，完全排挤了那种深邃的、不由自主的更高的爱。在那种完全向他者敞开的爱中，自我变得脆弱，愿意委身，甚至无惧于遭受伤害。

2013 年 10 月 13 日星期日

知性与存在

今天终于读完了黑格尔的《小逻辑》,与谢林的《对人类自由的本质及其相关对象的哲学研究》一道,是一年多来阅读过的最深刻地打动我的作品。原来预期到胡塞尔的《逻辑研究》和海德格尔的《存在与时间》那里才会有一个从形式逻辑论到存在论的超越或变迁,但没想到这个美丽的七月,就在德国唯心论那里察觉到这一幕的发生,这不仅纠正了我对于德国唯心论的偏见,而且让我的心灵得以暂时地栖息。如果总是让知性沿着历史的线索去追随那些思者的脚踪,心灵总是会频频在枯干的崩溃边缘;而一旦触摸到存在如诗的时候,灵魂将能被诗歌正当地浇灌和滋养,而此前走过的、此后将走的道路也不再只是竞技场,而是真理和存在的呈现。

然而,我的心中几乎没有喜悦,犹如黑格尔的幽灵(spirit)一般,恍若老人一样,只是隐约地看到了坟墓和夜色,并行走在其间。生命力和青春离我甚远。我的心中,充斥着一些深深的恐惧和害怕——既有政治的、也有人际的;还有隐痛和歉疚——既关涉到责任的缺席,也关涉到罪错;还有怨恨;并且,我的心灵为深深的孤独所塑造,已然缺乏素常的关切和交往的能力——虽然一切的情感或倾向或许能以一种更脆弱、更碎片、更纯粹的方式爆发。

然而，我将固执下去，无论是按照克尔凯郭尔的设想还是普希金的事实（两人都死得早，而前者原本以为自己活不过35岁），我此后的每一日每一年都是白白多出来的。虽然他们是伟大者，而我是平庸的，但我与他们一样，也有一颗灵魂！哪怕是一颗深深地被玷污了的灵魂。要在知识和书本中去追逐灵魂的高贵和真理的气息，尽可能地让自己离上主更近一点，尽可能地摆脱低俗、暴力和怨恨。

未来某个时刻，当冲突来到的时候，我期望自己不是拥抱着正义的碎片在勇敢中死亡——我知道我勇于死亡，过往的经历也见证这一点——而是能保全灵魂的无辜，信靠上主。

2013年7月26日星期五

未曾虔信

记得去年在埃及旅游的时候,常常发现某些贫穷而普通的埃及人有一种喜悦、天真和坚毅的神情。直觉中我将这种美好归咎于他们虔诚的信仰。信仰维系着生命中某些领域的神秘和颤栗,那里,神圣、美丽、天真晶莹剔透地在彼此闪耀中现身;在那里,人像小孩子一样的单纯和信赖才能趋近,犹如《路加福音》中所言:"父啊……你将这些事向聪明通达人就藏起来,向婴孩就显出来。"那里,经济理性、权衡和明智,甚至思辨理性都无法把捉其真相,虽然思辨理性并不是无法触及其边界或述说其所见的。

然而,我并非要为信仰唱颂歌,而是要为自己的缺信哀叹。很羡慕那些真正虔信上主的人,他们敬畏,他们纯真,他们追随主的脚踪前行,他们背对世界,他们稀少。然而我虽然努力地捧起《圣经》,却只是聊以自慰,其处境犹如但丁《神曲》中落在地狱门外那些叹息和哭泣的灵魂,那些被天堂驱逐而地狱也不收留的灵魂:"这是一群胸无大志的懦弱之徒,他们得不到上帝以及上帝的敌人的欢心。"

在我与纯真的信之间有一道巨大的裂痕。我并非像奥古斯丁那样,认为生活抉择是要么天堂要么地狱那样泾渭分明,而是倾向于阿奎那那更和缓的观点，恩典成全自然：在深秋校园那深红的遍地落叶的凄美中，在小孩子笑盈盈地扑进爸爸的怀抱那舐犊情深的时刻，在那些满怀朝气的学子们追逐知性和绽放青春美丽的流光溢彩中，在眷怀共同体流金岁月的自豪时刻，在维系着每一个个体的安全、平等、自由和尊严的得体的政治社会秩序中，都看得见神恩的祝福和引领，无限甚至托住此世并以其无限的境域惊醒可能的停滞。由此，纯真的信可以基于美好的此世生活，虽然美好的生活也可能足以让脆弱的我们沉迷其中而不再与无限相关，就如海德格尔所言此在（Dasein）在世的基本样式就是沉溺其中。

然而，在此世中我没有与幸福相遇，转向上主时我也失落了或未曾遭遇上主和祂的爱。像德尔图良一样选择守候在耶路撒冷而不是雅典，像奥利金一样为天国而燃烧自己，像亚他那修一样在灵魂和自然中认识上主，像亚西西的方济各一样吟唱自然，像小德兰一样被爱吞没。他们都被上主所把握，上主点亮了他们的灵魂，他们深邃的目光定睛在上主身上，再也不曾离开。

羡慕这些有福的灵魂，却也知道自己不曾如此全心全意地转向上主。这灵魂是软弱的、是迟钝的、是平庸的、是不坚贞的、是模棱两可的。我之渴慕上主，并不比渴慕世界更多更深。相信那些为上主所震慑的灵魂是持守着神秘的，然而我却眼见自己赤露奔命于此世的繁华诱惑——别道我孤灯默守，只一瞥就揭示了内心的沉迷。就像两手空空的沦丧的乞丐，无论是上主的赐福还是魔鬼的诱惑，我都会接受。知道永恒，却随时准备让自己迷失在温柔之乡，只是如今却在地狱门外哭泣。这就是我的忧伤，但丁首先谴责的那些人的悲哀：就算未犯下重重大罪，却也一生未曾清白，不过是眼睁睁看着自己在漫漫一生中卷入了种种不洁和错失，玷污了灵魂，最后像《理想国》卷十中的护海之神格劳克斯的躯干一样难以辨认："由于海浪的冲刷，一部分被折断，一部分则由于冲击磨损而完全毁损了，又添上了新的部分——牡蛎、海带、岩石等，以至于他看起来竟毋宁是一头野兽而不像他的天性所是的他。"

然而，这种忧伤并非无限的，因为我只是一个有限者。或许终有一日，上主亲自让我得以洁净，引领我前行。即便并非如此，有限者也能够像《申辩篇》最后苏格拉底所说的那样：无论死亡是虚无还是迁居另一个世界，都是好的，前者中，永恒不过香甜的无梦的一夜，后者中则能与那些因正直而为神的人共处。

2013 年 11 月 30 日星期六

辑三 逝去的凝视

微博节选

2012-12-30

霍布斯是一位伟大的人物,但我却无法寻觅到伟大的心灵。霍布斯有的是成熟的明智、艰辛、严谨、荣耀和经验科学的康庄大道,却难觅同时代人(笛卡尔、斯宾诺莎、莱布尼茨)那儿将开创新路与无限意识糅为一体的灵魂颤栗。相比同时代人(甚至其后的洛克),霍布斯更是一个现代人,有的论述甚至闪烁着尼采的先声(《利维坦》中译页54)。这未必是一件幸事:在霍布斯那里,天国的大门正在缓缓然而无情地关闭,权力或低俗政治成了人类的一种永恒处境,霍布斯实际上几乎切断了古希腊或基督教传统中人性对灵魂不朽的关切。

2013-1-12

华师大今天开始放寒假了。过去的一个月突然这么多事,今天仿佛压强一下子突然消失了,我也从对那些人以及体制的紧张防备和怨愤中暂时解脱出来,才发现自己原来是头疼欲裂,心理的紧张委实损害到身体了。要恢复健康,但散心不是恢复。我必须前进,在茫茫黑夜中并无栖息之所,必须坚强地向前迈进。

2013-1-12

还是压抑不住的悲伤,在人类中我孤立无援:纵使此刻我在贫苦中默默地死去，去的未必是救主的天国，而可能是无情的地狱：因为此刻我在自己心中发现的，常常不是欢乐和慈爱，更多的是苦毒和怨恨。然而，上主和人类都警告过：不要同情那些纵使偶与正义相关的怨恨，那只是毁灭的前奏。人，活着，要喜乐。

2013-1-15

《教育漫话》和《爱弥儿》都是论教育的经典。就思想的深刻性而言，《爱弥儿》远远超出《教育漫话》，但教育自己的子女照《教育漫话》去做则较为妥当：《教育漫话》谈的真的是子女教育，照绅士淑女的模样去的；而《爱弥儿》则醉翁之意不在酒，是打算教育读者的，志在缔造一代新人，自然的、真正的人。

2013-1-23

貌似有一个神话，说什么康德还是莱布尼茨将一种诘曲聱牙的写作方式引入哲学中，从此哲学就不再是正常人易于读懂的了。这显然不是事实：亚里士多德（《形而上学》）、笛卡尔（《第一哲学沉思集》）、休谟（《人性论》中论时间和空间的部分）……哪一个好读了？哲学都蛮难懂的。算一下，柏拉图的部分著作好读一点（不算《蒂迈欧篇》或《巴门尼德篇》等），因为他最体贴最文艺；培根的易读，因为他自己也就一个外行的鼓吹手；卢梭好懂点，因为他没上过学？

2013-1-24

"一切概然推理都不过是一种感觉"（休谟《人性论》上，页123），在目光尽头的天际线那晦暗之处，理性与感觉并无区分；《人性论》有点像一个纯粹现象学分析，其思想并不骇人听闻，只是较唯理论换了一种更为人性的语言触摸同样的真理。敬畏休谟：悬置神性的眷顾，做到了至上的纯粹，清扫了脚下的地盘。

2013-1-25

晚餐随感：1. 有时候盲人有福了，因为他们看不见人间的苦难。2. 研究生公寓门口一堆卖小吃的。贫贱艰难而自立的模样在寒风中煞是让人心酸。一对中年夫妇卖的是烧饼，两个人却做得有点热气腾腾的样子，挺欢乐；旁边一个卖烤红薯的中年男则孤零零的。一回首，我不就那卖烤红薯的中年男么？

2013-1-28

"告别这熙来攘往的去处：我不恨人类，只是想避开。"（拜伦《我愿做无忧无虑的小孩》）这是咋回事：年轻的时候，对诗歌没什么感觉，仿佛那一切都已是过去，而我生活在更清楚不再幼稚的时代；现在，心灵却无限饥渴地向诗意敞开，虽然那凛冽的清泉浇灌在褐色的枝条上，注定不再会培育出青绿的新芽。

2013-2-14

雨，到河东食堂吃午饭，食堂已经打烊了，得卖水果的大婶送给我两个早晨买的包子充饥。有这么过情人节的么？休谟的《人性论》今天就可以读完了。休谟的知性体系，恍若大漠里的漫漫黄沙，纯粹、干燥，风起处优美光滑如同蔽云遮日的华丽绸缎。我读出了纯粹现象描述的格调，一查，胡塞尔也这感受。

2013-2-17

死亡是如此触手可及。个人常常觉得，敢于死亡的人是勇敢的，而伴之以清醒则甚至不缺乏高贵；不是每一种生存都值得维系。只是奥古斯丁在《上帝之城》中对自杀的禁令我还是很担忧。

2013-2-19

《神曲》和《坎特伯雷故事》都言及七宗罪：骄傲（pride），妒忌（envy），愤怒（wrath），懒惰（sloth），贪婪（greed），贪食（gluttony）和色欲（lust）。我现在应对得较好的是贪食一项，虽偶放纵，但对粗茶淡饭坦然自若。懒惰一项，学习尚勤奋，但灵性疲沓，亦疏于整理环卫。骄傲、妒忌、贪婪三项，因境况类于退隐，无直接强刺激或冲突，尚不觉得严重——但仅仅是缺乏考验，而非历练之品质。困扰我的是愤怒和色欲两项：前者而言，杂之以正义感和自我牺牲，潜藏着可怕的毁灭而非救赎；后者的考验更是恒久的。《约伯记》31:1 说："我与眼睛立约，怎能恋恋瞻望处女呢（I made a covenant with my eyes not to look lustfully at a girl）？"相形之下，自忖心灵甚为不洁，败坏甚多，行为亦沾染罪错或失控。骨子里虽是草木禾秸的本质，还是盼望上主吸引和保守我，转向信、望、爱之路上，脱去旧人，心意更新而变化。

2013-2-22

"我努力想好起来，像某个投水自尽，却又发现水太冷，而奋力洄至岸边的人。——梵高"深夜看BBC《艺术的力量》第6集"梵高"，很感动。

2013-2-27

休谟在自传中自忖《道德原则研究》是自己最好的作品（历史的、哲学的、文学的）。《道德原则研究》有一种优雅洗练的文风，我猜测却不清楚是否模拟了某古典大家；较之《人性论》，《道德原则研究》的重点从分析"同情原则"转向了明确认肯"人道原则"。但我还是无条件更喜欢《人性论》的严谨思辨啊。

2013-2-27

一口气把《宗教的自然史》《自然宗教对话录》《人类理解研究》《道德原则研究》都给读了；贪婪心起，必有祸患，读到《道德原则研究》后半截已经出现认识字不懂意思，脑子灌不进去的情况，其实没读好。读完一本后认真整理笔记思考，虽然笨拙，却是脚踏实地、一步一个脚印的较优路径。

2013-3-19

1. 晚上上完课，心里轻松。2. 世界上有一种遥远的距离：老师在前面讲课，同学坐在最后一排听。这是下午大四毕业班的课的感受。要努力。3. 许明龙的译本不怎么样，但孟德斯鸠《论法的精神》也不怎么打动我，休谟的《道德原则研究》（页48）和卢梭的《爱弥儿》（页704）都对孟德斯鸠有所揶揄，让人稍感心安。

2013-3-21

匆匆就来到了卢梭面前。卢梭总是一个极大的困惑，一则是卢梭所描述的自然状态是否以及有何种历史溯源？相较之下，洛克的自然状态受基督教自然法的影响。二则卢梭对科学和艺术表现出来的一种返祖主义（Toynbee 所谓"复古主义"）的敌视，这该如何理解？卢梭或许意味着某些全新的、我未理解到的因素。

2013-3-25

办公室阴冷，阳光很好，去图书馆草坪前散步，碰到个熟识的研究生坐在小河边晒太阳读书，原来在读 Plotinus 的《九章集》。那书我也读过，近千页。而同学此刻翻检此书，在我看来，只是边缘地涉及学术积累，更多的，是心灵的徘徊和迷惘。路总是自己走的，我也只是说，"你就不能找本薄的书读么？"

2013-3-31

大学时读《忏悔录》，那时觉得糟糕，卢梭明明很坏却自以为义。现在重读却特别的亲切和倾慕。卢梭自己偷窃却陷害了 Marion 小姐的情节依然让人又惊又怒。但整体上，除了高度的真诚，卢梭还拥有一种隽永、普遍而温柔的品质，一种触手可及的、活生生的、原始的人性。相比之下，当代人的生命，不论真诚与否，常常要么可以还原为某种机械或功利的程序，要么还原为某种偏狭的情感，甚至还原为动物式的存在。对比卢梭，惶然有这样的恐怖：我的一切情感和存在都不是原初的，都不是彻底的，都不是无保留的，也都不是隽永深刻的。

2013-4-6

临近生命终点的卢梭并不比《忏悔录》超脱，后者那种"深入肺腑和深入肌肤"的震撼之感消失了：卢梭念念不忘的是辩白自己无辜；对大自然的亲切感受仅仅是被世人抛弃后的凄凉补偿；上帝或诸神始终未曾构成倾听的他者。卢梭最终呈现的是孤独、痛苦、未获和解的、无处安顿的灵魂。

2013-5-6

雨后的夜晚空气特别清新，也特别安静，沿着寓所附近的小道跑，能听到蛙声，清风习习。岁月静好，只是仍有些摆脱不掉的悲伤，源自对脆弱的感受，或许还有孤寂。努力唤醒记忆，但并不总能那么亲切——我想，切断美好或青涩回忆的不是流逝的岁月，而是那些沉积在岁月中的罪错和沉沦。

2013-6-1

晨读卢克莱修《物性论》有感：暴政、罪恶和不义的肆虐，并不表明未来的正义会以更有尊严更让人珍爱的方式莅临：失落的灵魂已然失落，美好、精致和良善的东西被践踏并将永恒地一去不复返，而我们也将在麻木或绝望中垂垂老去；即使灵魂不灭，我们也已经践踏了这一个世界，无可挽回地。

2013-6-2

坐在教会庭院中，一片安谧的样子，冥想中体会一种反对自杀的理由：当灵魂从万物中摆脱而注视自身时，尤其是因脆弱或苍老而歇息时，更能认知到生命是被赐予的，并应尊重这一状态，应等候它慢慢地犹如残烛渐熄，留下优美平滑的曲线；而不是暴烈地改变现状。

2013-7-3

感觉谢林的《先验唯心论体系》(1800)比费希特的《全部知识学的基础》(1794)要精致多了，费希特那本书读来颇有粗制滥造之感。不过后继者都比康德批判哲学容易：康德那儿有个困难就几乎总是逻辑性的或知识性的困难；后继的唯心论别看行话或黑话很多，脱去伪装都是浪漫的诗歌。

2013-7-5

呆坐在 office，犹如老僧入定一样看着这些枯涩的文字，还得聚精会神——而且还确信这些文字不都是宝贵的。我与生命之树渐行渐远，人类啊，我将如何找回自我：害怕你们，恐惧你们，躲开你们。

2013-7-8

阅读谢林《对自由的本质的研究》使我谅解了海德格尔因卷入纳粹的政治失足：就像因被诱惑而背叛了爱弥尔的苏菲一样，不是说苏菲清白，而是此前此后苏菲的极度纯洁本来就处在危险之中。伟大的事物向来都处在危险之中，平庸才是更安全的。政治失足与深邃的思想不是必然而是偶然地叠合在海德格尔身上。

2013-7-14

人是奇妙的物事：在深深的黑暗中也会闪耀些许光芒；而在最神圣最可敬重的时刻也还是不难察觉某些缺陷或丑陋之处。然而，还是应当尽量接纳神圣。

2013-8-6

看了黑格尔对费希特的解析后,仍然不能够欣赏费希特哲学有何伟大之处。谢林的《人类自由的本质的研究》和黑格尔《小逻辑》中对形式逻辑或同一律的深邃而有效的批判使人能接受两人超逻辑的思辨狂想,但费希特似乎缺乏这样一个基石。

2013-8-11

像康德的《纯粹理性批判》那样枢纽性的奠基之作写个 500 多页情有可原,字字珠玑,开天辟地嘛;但像叔本华的《作为意志和表象的世界》这种将康德的框架和柏拉图的概念糅合在一起,配上点吠陀的调料的书,竟写了 700 多页,实在是予人不当压抑之感,虽然阿叔的写作倒常常有一种悠闲的雅致。

2013-8-13

跑步的时候,一种极大的悲伤刹那间攫住了我,那倒不至于让人弃世,却足以浸溺和蔑视自身的存在意义:犹如一头甚至无法言说自身黑暗深渊的困兽,上主是那么的遥远,亦难以想象女性的温柔能与之和解。然而,我不停地祈祷,像垂危者一样祈祷;要像西蒙娜·薇依一样,让绝望的重负始终敞开。

2013-8-16

读完一本书之后,到打开另一本书之前,有一丝的惶恐、无奈和茫然:不知道自己还能干嘛。

2013-8-24

我不能理解尼采的重要性：霍布斯在《利维坦》中就讲过理性不过是激情的伺候；在康德、费希特、谢林、黑格尔的德国唯心论传统中，意志已经居于更优越的位置，虽然也必然是理性的；休谟的体系中作为印象的激情优越于作为摹本的观念，而这一传统在功利论伦理传统中被继承了下来；再后来，叔本华和克尔凯郭尔更使得意志与理性完全分家并役使理性。不明白，尼采的学说还有多少真正的新颖性：意志？非理性？这都是前人已有的呀！我怀疑尼采是作为一个文学家煽动了庸众而誉满潮流的？而前述哲人静享天才落寞之宿命。

2013-8-26

最近的阅读体验很糟糕：《非此即彼》（下卷）以及整个的克尔凯郭尔或许是最优雅、最敏锐的论著，然而，我却完全无法宁静地止住自己的心灵，慢慢地品味，甚至连不带情绪把捉汲取其概要都做不到。犹如一匹被追逐的、创伤的野兽，我只是到处嗅嗅，惶惶不可终日地期候下一站中有停驻的激流之石。

2013-9-3

早上出门的时候，学校招待所催我搬走，不快之余，突生出离去的念头，一种强大的疲倦突然笼罩着我，步履沉重，只想摆脱一切。发现在心里远逝的时候，虽然眷恋，却并不刻骨铭心；喜悦存在，只是愿意放弃这不美好的存在；我并不特别害怕上主的诫命，在《新爱洛伊丝》中卢梭其实为自杀提供了温情的宽纵，上主是爱，自杀不就是犯错打破玩具提早回家的孩子么？怕的是突然丧失勇气。课前，去崇明那儿把《悲剧的诞生》还给他；我愿与大海为伍，不愿人们来处置我的身体，蹈海是浪漫的，也应该会痛苦。有点牵挂的是学生和教学的义务。傍晚，这情绪却消逝了。

2013-9-6

读了《追忆似水年华》卷1：纯净的、色彩斑斓、晶莹剔透的童年回忆，或许不乏散漫，却让童年像一个柔柔的梦浮现眼前。Proust 有能力在冷静地记录人的恶时只是带着淡淡的忧伤把破布镶嵌进别的更优雅的图景之中；最让人感觉 Proust 天才的是他那份神一样的细腻，像伊甸园里的亚当一样，能按照名字认识森林里每一朵花、每一株草、每一棵树、每一个形状、每一种颜色、每一种香味、每一个色调：它们都像一个个音符一样那么自然地涌现，清晰地绽放自己。 不喜欢"斯万之恋"，那种爱是一种我无法欣赏的疾病。

2013-10-3

我觉得有点理解为何周克希老先生和徐和瑾老先生翻译《追忆似水年华》都翻译了3卷后就迟迟没有下文了：一套书当其长度达到7卷近3000页的时候，译者怕也是倦了，正如读者一般；原本的喜悦和愿望都掩埋在一望无际的、却无栖息之所的茫茫原野之中了。

2013-10-11

深夜的校园丝丝凉意，无处容身的感觉强烈地笼罩着我，不由自主地裹了裹衣衫；生命的眷恋和活力在我里面已是如此微弱了，常常感到的是惧怕和忧虑。想读《逻辑研究》《存在与时间》《工具论》《尤利西斯》，而且也能读得好。只是这些兴趣，能让我安静，却不能赐给我对生命的当下的蓬勃的爱和勇气。

2013-11-28

昨夜阅读奥利金（Origen）时，我清楚地明白：痛苦并非可贵的，哪怕是无尽的、甚至有理由的忧伤，都不一定是珍贵的，因为它可能无谓地徒劳地耗尽身心；真正可宝贵的，是灵魂的烈火，不管在什么处境中，总在炽烈地燃烧，无论是照亮暗夜、是烤烧污垢，还是炼净自身。然而，我还常常处在无谓的忧伤中。

2013-12-12

去公寓那边取快递，顺便在秋林阁二楼吃午饭，好久没去了，有恍若隔世之感：一切依旧，只是因我停滞而变了。无论学术上还是生活中，作为一个局外人和流浪者，我是在危险之中：如果没有心灵归宿、没有坚强，会被别人碾压，会被曝露在种种的、随处的危险中，心灵会在不知不觉中沉沦和失落。

2013-12-31

好多朋友都在跨年，本来也想记录下，但是《存在与时间》笔记才整理到 330 页，还有 164 页，忙得没时间。1. 今晚且仅限今晚心情很好，或许自己很有点读懂了 *Sein und Zeit* 的感觉；2. 从懂事以来，2013 年是我思索死亡和自杀时间最多的一年。3.13 亿事实上与个体的相关性很脆弱，永远期待 Ich-Du。

2014-1-13

尽力阅读和消化晦涩而标新立异的《存在与时间》，快感来自要征服它；而《现象学之基本问题》却使我对海德格尔产生了真正的敬畏，认同阿伦特的那句话："除了一个名字之外几乎就没有什么了，但这个名字就像隐秘之王的传闻一样传遍了整个德意志。"第一章对康德论题（"存在不是实在的谓词"）的探究中，海德格尔对本体论论证的辨析让人意识到，海德格尔的学识渊博如大海，而他的问题又是多么自然地从整个古典传统中流淌出来。另外，这里也让人明辨到海德格尔与胡塞尔在意向性观念上的承续关系。

2014-1-14

深夜重温《岁月神偷》："水一般的少年 / 风一般的歌 / 梦一般的遐想 / 从前的你和我 / 手一挥就再见 / 嘴一翘就笑 / 脚一动就踏前 / 从前的少年 / 啊漫天的回响 / 放眼看岁月轻狂 / 啊岁月轻狂。"青涩的歌声浮现，敲击在心头，犹如击打在墙壁上一样哪哪作响。心灵已是如此僵硬，无法捕捉那些如水的柔滑。Essentia 和 Existentia 却也犹如苍白的面具，在幽幽中向我发出冷漠的暗笑。刹那中感受的是孤独、绝望和无所牵挂。我并不怀疑上主的存在和祂的爱。然而，似乎命中注定的是，在路上我只剩下在岁月中走向浑浊和不洁的灵魂。

2014-1-16

《现象学之基本问题》的康德讨论很深刻，才明白一点 Fichte：之前总觉得费希特的先验自我缺一个超逻辑的引论，现在逐渐明白费希特内在地承续了康德。但海德格尔讲康德的书就有三本：《现象学之基本问题》《康德与形而上学》和《物的追问：康德关于先验原理的学说》。读得已然凄苦，前望更是绝望。

2014-1-18

遐思：1. 我的生活充满痛苦，以至于有时候竟然思索不太眷恋它——我感觉它在逐渐地崩溃、剥离。然而，我却慢慢也学会感恩，为苦难而感谢上主：如果生活很顺遂，我可能是一个更坏的人而不是一个更好的人。

2. 这却也还不是说，痛苦在把我铸造成一个良善的人。事实上，比之于彻底沉沦或圣化，停滞和迷失倒是更常见的情况。我常想，如果要说最后一句话，我会选择用洛克墓志铭中的一句话："让他的罪错随着尘土掩埋吧（vita una sepeliantur）。"

2014-2-4

假设此时此刻选择死亡，不可以把原因和理由都归给背景、社会和时代。当这一切都剥离的时候，在它们与死亡之间，还有一条漫漫的长长的隧道或空间，需要由自我去填充、去守护、去抉择。这里死亡也是选择性的。——当然，肉身的疼痛或入骨的痛苦或许可以填充这个空间。

2014-2-5

孤单的孤独还是比在人群中的孤独更为孤独，因为心灵的包容力和敏感都是有限的：当心灵被一种东西充斥着的时候，它总是会有所损耗的。

2014-2-7

让人害怕、失措的孤独之深渊：不是对他者的萦怀（痛苦的思念也是美丽的、维系性的），而是意义的崩溃和缺失：他者、社会和上主不在了，形而上的、文化的自我剥离了，感受的似是赤身露体的抑或醉后无思的人。对他者的害怕和缺乏理解力是显著的体验。这会过去，或许依稀留下庄生蝴蝶之梦甚至彻底遗忘。

2014-2-7

开读《现象学之基本问题》最后最长的一章，感觉却是行尸走肉：不理解什么是存在，那个词仿佛变成了一个盲点；曾臆想海氏的存在与政治之关联构成重要导引，曾想这儿不只要挖个坑，而是打个洞。可一切却从脑子里抹去了，休假后脑子一直没有明白过来；或者说，我从意义之流中被抛弃了，犹如糠秕被风吹散。

2014-2-10

有时候起床时会感到害怕：自己就要被抛入到一个陌生而异质的世界中去。悖谬的是，却又深深地意识到社会对自己的馈赠：每本书的思想、每顿可口的饭餐、每一首歌……都是在社会中获得的、是别人的果实。虽然也常常借交换获取，然而每件物事的流光溢彩处几乎都处在自己的能力之外。

2014-4-12

四月雨后之夜，空气极为干净清澈，凉风吹拂，沁人心脾，隐约还有丝丝樱花的味道。这或许可算为一年中最美好的时日。世界并未因心灵的沉沦而不再美丽，相反，它倒总是呼唤我们，挽回我们。

2014-4-25

《林中路》中的第三篇"黑格尔的经验概念"海德格尔强力重诠黑格尔的《精神现象学》导论，需要硬着头皮勉力坚持读下去，很慢；第四篇"尼采的话'上帝死了'"清澈如水锐利如刀，读来如饮甘醇，也是很慢，因不愿错过每一个思想。

2014-6-17

恍惚中觉得今年取得了极巨大之进展，这是早些时候对迈蒙尼德的《迷途指津》《智慧书》《德训篇》，尤其对《摩西五经》的研读中获得的：心灵刹那间似乎真正洞察到了独一神论的深邃含义：那一刻，我看你们（你们人类）就像参观动物园似的。不过，基本上我是不恍惚的，而且我几乎从不去动物园。

2014-6-22

读吉本让人产生深沉的沮丧之情：漫长的岁月中，那些人出身高贵、教养卓异、才华横溢，灵魂纯洁无辜，爱慕真理和美善，成就显赫却又坦然；相形之下，自己无论如何也是如斯平庸、弱小、模棱两可；我不是在积极地寻求真理、美善，充其量只是在废墟中努力触摸一点真理、一点良善，算为拯救。

2014-8-19

开读一点伯林并开始能欣赏到伯林思想之美了。就基本倾向而言，我渴慕和仰望形而上学，骨子里不认同伯林，犹如失魂落魄的遗族无法与都市里活力而时髦的年轻人共享同样的视野和节奏。但伯林学识的渊博丰富、思想的睿智清明以及语言的精炼，都让人甘之如饴。

2014-8-21

这是老年的迹象么：无意去巴黎或珠峰，甚至对陌生的地方感到惊慌，却更愿意去那些曾踏足过并能在记忆中亲切浮现的地方（那条小径、那家甜品店、那路巴士、那片海滩）；一切并不特别璀璨夺目，却在与昔日之我相逢时流淌出一丝温馨。这个已经被摧毁的世界，到处都是偶像崇拜者，我漫游在丛林。

2014-8-30

今天，先是石河子大学的张书群罹癌陷入绝境，然后又见孙仲旭弃世（读过《麦田里的守望者》）。或许我也常在思量死亡的问题，这死亡本身并没有怎么触动我，让人堵得慌的是牵连到的孩子和家庭的困境、那无助感和欠缺希望。我还想，这些悲剧并不是最黑暗的，毕竟这里有过美好的时光，有过看得见的追求、挣扎和放弃，更能讲述成一个悲悯的故事（阿伦特说过：能讲得出来的悲伤是能够被忍受的），虽然缺少希望的因素；在这个时代，在底层、在黑暗的深处，更难言的悲剧是被蹂躏的、被吞噬的、无法叙事的——因为没有被文明光照过。然而，我这样说，却是相信，上主之爱，能够在窒息和绝望中渗入希望。

2014-9-27

慢慢在学习中取得些进步。譬如，孤单的时候，能安下心来读《埃克哈特大师文集》，待到夕阳已逝或夜色深沉，那易于伤神的凄美时光就过去了，这时心里想的倒会是几时才可读到吕斯布鲁克的《精神的婚恋》。我觉得大公教会斥埃克哈特大师为异端是有理的：他的神秘主义太趋斯多亚派的孤寂，丧失了历史感。

2014-10-13

"政治哲学"有两种含义,一指像 Rawls、Nozick 等在学术体系内形成的对象明确有限、方法成熟规范的政治－伦理研究;二指像 Strauss、Voegelin 的广博的政治－心灵－历史的思考。后一种虽貌似更深邃,却往往既理论僭越(哲学就是哲学,哪有什么独特的政治－哲学,与哲人王一样无稽)又蕴含着实践的暴虐的可能。看拉纳、巴尔塔萨的神学之优美明辨,而政治神学就卷入了动荡阴冷的政治世界,就能意识到,所谓政治哲学研究者要么有潜存的实践欲,要么有一颗受伤的心在那儿顾影自怜,或者他就是那么一种中产阶级的情调,以为边喝咖啡边聊天就是在哲思了。不是拒斥后一种政治哲学,而是觉得它也更应属于历史的范围。

2014-11-3

要是过些日子我也就突然死了,很可悲的像秋天的落叶一样无声无息,真正让我难过的是我并不眷恋任一个人(失去了那种刻苦铭心的,愿意为之生为之死的归属感情);就是对于上主,也是一点希望、一点疑惑、一些惧怕、一点漠然。但信仰在心中缓慢而坚实地、不可抗拒地成长,那是平凡罪人交付一生的信。

2014-12-5

生活得简直不能再糟糕了:日子过得像丧家犬一样;觉得自己被隔离在世界上一切美好之物之外,缺乏旋律、缺乏对真理的直观和感受、不能像一滴水珠一样反映出宇宙的光芒,倒像一团浑浊的泥浆;而且,觉得自己缺失了上主的护佑,觉得自己是被咒诅的;信望爱和虔诚与我无涉,"乃像糠秕,被风吹散"。

2014-12-14

《罗马书释义》读了1/3，已停下来四五天了：纵然能把现代神学家的标记性著作通读一遍，那又如何？黑格尔、胡塞尔和海德格尔的著作确实有一种智识的撞击力，能让人体验一种如诗的形而上学的惊奇和深邃感，甚至自豪，却远未能提供一个够得上专业的论述基石。荒漠溪流的清泉总是蒸发得比积累更快。

2015-1-2

喜欢呆坐在办公室翻书，至少可以或俨然可以静观世界与世界对话，虽然或许是以一种不太真切的方式；不太喜欢外出，在汹涌的茫茫人海中，不但头晕，而且发现自己什么都不是，失去了对世界的把握。

2015-1-6

今天被一位朋友悠长而炙热地安慰，讨厌这样。虽然弱不禁风，黯淡至于漆黑，谦逊流于自逐，但就算我什么也没有做出来，我对旁人之作为是没有任何崇拜的，深信自己离真理或许更近得多；而这种存于心灵深处的信心和亮光是存在下去的支柱，不容人来熄灭它。

2015-1-20

感觉到大部分人都觉得我是有点令人讨厌的，心里却还是渴望能被所有的人喜欢或爱。这并非自私，而是苏格拉底式的真理：作为人，我们本质上是爱慕真理和美善的；而一个人离真理和美善越近，他便越会被爱。虽然世界或许充满了摹本或赝品，但这一真理仍常常惹我们心疼或心酸。

2015-1-23
单位刚刚换了电脑。听着轻音乐，窗外的小树像一座山、面前是一个海洋公园，再读福柯。唯恐这幸福的时光很快就不再了。如果说 Rawls 是传统政治思想的继承者，海德格尔则是试图为有限存在者及其政治觅根基，而福柯拓展了政治的视野——固然冒着失落传统框架的危险。

2015-1-27
纵使有一天在失落中弃世而去，我也应该深深感激这个世界：衣食住行、阅读与娱乐，这一切都浸透了文明的力量，设若孤身一人，该是在茹毛饮血中何等无助。而文明往往是那些卓越个体和群体行为的结晶并维系着我们的生活。这样说不是为了对我们的世界的不义视而不见，而是提醒自己不要愤世嫉俗。

2015-2-23
一种孤独、自由和幻灭感，且发现自己很没有文化：任何优雅、庄严、深邃或温暖之物纵使被我触摸，也会很快抛弃我——赤身露体地。如果有一天很快离去，也不敢或不会去思考自杀或灵魂等严肃的问题，而愿意在麻醉剂或酒类的帮助下，轻飘飘地、无知无识地逝去。

2015-3-14

鼓起勇气发即日照,今天我的生日,40 岁:没有房子、没有家庭、没有学术成果和著作、也没有虔诚。有时会悲伤,会努力,也会接纳;有时淡淡的孤寂的欢乐和平静;向来形影相吊,不久前很感恩……一个月前在香港还买过一枚基本款的卡地亚戒指,但至终应只会是凄美;努力学习认识死亡。

2015-5-5

在思想史和政治哲学之间,脑子常发生不可通约的裂痕。觉得分析的政治哲学是一种技术的理性程序,循理性人假设(固然也会引入规范尤其是结构化的规范),主体的信念或心灵无现身,或者说理论没有置身历史性中——或因复杂的社会框架常常已不再对理智是透明的,成了设定性的(如机会平等我就常糊涂)。

2015-5-14

之前烦闷或劳累的时候,常常找一部港片的桥段就能在温馨中有所舒缓,可现在却似乎不能了。说来却主要是前些天读了费正清主编的《剑桥中国晚清史》。清晰的历史认知似乎会驱散审美的或形而上的迷恋,正如美丽的光晕往往恰好掩映了成长的细节和过去。

2015-8-8

我觉得在世上没有人挚爱我,更确定地说,在世界上我也不挚爱任何人。没有爱,灵魂容易在死荫的幽谷徘徊,但这并不妨碍自己努力生活得更美好些,虽然在沉沦和破碎面前更脆弱。对上主的信念使我对死亡有平静；渴望、知识、文明、责任、人道和关切都留驻，甚至皮埃尔对海伦的那种欲爱就足以扰动心灵。

2015-8-24

晚上坐在小阳台的椅子上，凉风习习，借着屋里透射的光，断断续续地将劳伦斯的《虹》读到百余页（会不时地回屋子看看微博、洗把脸）。蛮习惯劳伦斯的风格，虽然《虹》或许节奏有点缓慢。现在觉得小说或许有灵魂，而哲学则并非如此。唯一惴惴不安的是马上要开学了。

2015-9-8

这个暑假对我而言是一次危机：读几部历史书时，对思想和上主都丧失了某种形而上学品质的信念，觉得一切都依附和取决于活生生的历史；然而又迅速滑入文学提供的那个想象的历史中，还沾沾自喜于灵魂中对个体关注之复活。但终归我是个赝品，丧失了信仰的品质，而世界是那么残酷。我忧心忡忡畏惧地活着。

2015-9-24

最近这些天很抑郁，身边触及的人无可责怪，但自己的世界却开始坍塌，经验地和形而上学地，仿佛到了穷途末路，而唯独死亡却似乎散射出耀眼的光芒——有时想，去死或许是卑微的我所能做出最高贵的行为。开始读点论文，要压缩读文学的时间，然而我却也深信，文学是苏醒、修复和柔和我灵魂的唯一之途。

2015-9-26

深深的孤独——不是想女人,而是处身灵魂荒原。总有那么些个片段,心头唤起时会感到亲切、温馨、会意、悸动:至亲的笑容、儿时的玩伴、熟悉的漫山映山红、一段旋律、一个偶像般的倩影、一起慢慢走过城市的小径、秀发的香味、一个电影桥段……可是我无法真切地、带有柔情蜜意地唤醒任何的记忆。

它们也几乎不再溅入我的心灵,我只能是毫无滋味地咀嚼残渣,犹如《魔戒》里受咒诅的咕噜一样。我不确定在什么时候灵魂遭受如斯的重创或惩罚,抑或本来就甚少美丽的幸福之光曾照耀过我。羡慕普鲁斯特那如神般细腻亲切的追忆,我只在角落里默默祈祷:愿意用余生换取短暂而真实的、灵光闪烁的生命。

2015-10-17

读着屠格涅夫的小说,在惊叹贵族时代那些优雅的爱情时,我察觉自己很不幸,一种赤身露体的、人格残缺的不幸——然而这种洞察却伴随着灵魂苏醒的喜悦:因为心灵至少暂时不为欲望悲鸣,不为幻象催迫。

2015-10-25

中午烧水泡方便面,虽然都说是垃圾食品,但确实香甜。就跟一个人独自捧着屠格涅夫的《初恋》,在小树林里阅读可能会特别感动。要是在书房读就没那份触动了:就只会觉得托尔斯泰、陀思妥耶夫斯基、契诃夫、纳博科夫、伍尔夫、黑塞、曼、福斯特……一个个都在边上虎视眈眈地叫嚷"别读它;读我,读我~"

2015-10-29

大略读了屠格涅夫，从《前夜》始，经《父与子》《罗亭》《阿霞》《初恋》《新时代》《散文诗》。青春初恋极唯美，却因其偶然性不太打动我；而《前夜》《烟》和《新时代》三部则沉甸甸地为我所爱。但当离他而去的时候，伟大的屠氏也迅疾成了浩瀚文明中的一滴水珠，而我仍如坦塔罗斯一样贫乏饥渴。

2015-11-7

有时候觉得阅读古典文学甚至会让人产生一种沮丧的感觉：恰恰在赞美那些贵族式的灵魂和举止时，会察觉自己是卑贱的贫瘠的，并且那还是永不可弥补的。

2015-11-14

前些天在 iPad 上偶尔读到一点《往事与随想》，视为珍宝，犹豫是不是中断读《安娜·卡列尼娜》。赫尔岑的文字比卢梭的更打动人，像雪山上流淌下的汩汩清泉。卢梭是往上爬的平民，文字中有一种矫揉之风，而赫尔岑却是极上层的贵族，出于爱和敏感而自愿下放流亡的天使，其纯粹和锐利让人惊讶。

2015-11-21

让人反思的是，反抗者在困窘中在打击下，往往缺乏资源来维系心灵和身体的力量并更新之，因而实际生存中践履不了他们所追寻的那种理想，甚至脱离了时代，有可能滑向不真实的道德高姿态；相反，纵然是曾屈服和随波逐流之人，在坦途中也能心灵苏醒或为更高的价值所触动，倒可能离真理或正义更近。

2015-11-23

天在下雨转凉，骑车回宿舍，轻轻地哼着"你那里下雪了吗，面对着寒冷你怕不怕……"觉得一丝丝的温馨和心疼。脑海里出现的是在人民大学念书时下雪上课路上的情景，清晰的是同舍一个江苏同学的样子，其实并无特别友谊，其活力、青春甚至迷惘的样子在记忆中才变得鲜明和亲切。

2015-12-16

今晚好冷啊。自己既不再特别牵挂人世间的哪一个人哪一个时刻哪一个地方，也不敬畏上主，亦不相信在上主那儿有为我存留的奥迹式的盼望。虽然也会努力仰望和寻觅向上，虽然也徒劳地努力做一个映射世界的莱布尼茨的单子，但我分明是脱嵌的浮萍，偶然地飘摇着、无足轻重，亦无委身和牺牲，有点可悲。

2015-12-26

走出楼道，抬首看到一轮明月，心情就豁然开朗了：超然于地上的困顿和孤寂，突然有明月相伴，恍然间自己原来也有神秘的永恒的身份。阳光虽暖，却总催迫人赶路或让人自责；月光冷冷的，不催迫人，却让人凝视，静静的、永恒的凝视。

辑外

维特根斯坦素描

读《维特根斯坦传：天才之为责任》札记

读了瑞·蒙克《维特根斯坦传：天才之为责任》这本厚厚的传记，得记录点什么，不然改天全忘光了。这个记录不依赖于对维特根斯坦著作的细致解读，而是某种带有想象的素描，当然有一点点文本依据，也依赖于蒙克的传记。对于真伪做不了担保。

弗雷格试图给数学提供一个逻辑基础，在这样做的时候使用到"类"的概念。罗素在此发现了俗称的罗素悖论——"所有不属于自身的类的类"。对这种"类"的安置总会导致矛盾，而这内在地威胁到任何逻辑公理体系。罗素自己给出了一个类型论的解决方案：划分出类的层级（诸如一阶二阶），而集合必须是同阶对象的结合。这样就回避掉了罗素悖论。但这个解决办法是特设的附加的，不自然。作为后话，哥德尔不完全定理似乎说这个问题是无解的。

把维特根斯坦吸引进哲学领域的就是罗素悖论。（瑞·蒙克：《维特根斯坦传：天才之为责任》，王宇光译，浙江大学出版社，2011年，页31—33）不过维特根斯坦不是那种对科学抱着良好信念，以推动知识或科学进步为己任的人。维特根斯坦倒不如说是反科学的，他厌恶科学的主导，他钟情的人物是正被科学排挤到边缘的:《新约福音书》、奥古斯丁、歌德、帕斯卡尔、克尔凯郭尔、贝多芬、莫扎特、托尔斯泰、陀思妥耶夫斯基、弗洛伊德。维特根斯坦仿佛是受到上帝和科学双重挤压的人物: 上帝是维特根斯坦的源头, 他关切自己的灵魂和拯救, 但他拒绝了正统的宗教信条, 按照自己的方式信仰和行事, 并为自己的罪孽所苦; 维特根斯坦抗拒科学和技术对世界的固化, 对确定性和透明性的寻求却是其最基本的品质。因此, 在灵性世界和科学世界区隔的墙壁中, 维特根斯坦犹如被挤压为薄纸的幽灵一样, 绝望, 却常常对两个世界都深有洞察, 发出了极具隐喻的、神谕般的话语。

维特根斯坦确信, 所有的类型论都必定要由某种符号理论加以废除。(页73) 一头扎进哲学后, 正式出版的第一本书叫作《逻辑哲学论》, 其中心思想在于区分"说出(speak)"和"显示(reveal)": "逻辑的所谓命题显示语言的逻辑性质, 因而显示宇宙的逻辑性质, 但什么都不说出。"(页105) 这个观念表明类型论是多余的: 等阶是显示出来的, 不是附加的被说出的。(页105) 但这里似乎罗素悖论本身并没有被解决, 我们待会再看维特根斯坦在后期的《哲学研究》中提出的一个更激进的方案。

《逻辑哲学论》中最基本的命题是这样的: "世界是事实的总和"; "事实的逻辑图像是思想即有意义的命题"。该书止于这样的一句话 "对于不可说的东西我们必须保持沉默"。应用维特根斯坦在《哲学笔记》中的话 "哲学……是纯粹描述性的"(页95），或许可以这样非技术性地理解《逻辑哲学论》：世界就是显示出来的事实，而思想或命题或语言之所以能描述事实或世界，是因为命题和事实有一个共同的逻辑结构，而这种逻辑结构是显示出来的。因此命题是描述现实的图像。（页121）那么，从本质上讲，世界是自己显示出来的，我们试图言说什么就是胡说八道，因而"对于不可说的东西我们必须保持沉默"，或许维特根斯坦保持沉默的对象就是上帝和伦理。

维特根斯坦接下来对逻辑的更细致的技术分析超出我的理解力。然而，其命题与事实的图像论自然引起极大兴趣，维也纳小组诠释说这是一种逻辑实证主义的思想：命题是否有意义取决于能否证实其刻画了事实。但维特根斯坦说：《逻辑哲学论》里没有说出的比说出的东西更重要。卡尔纳普等人才慢慢明白，维特根斯坦不是他们期待的实证主义者。

维特根斯坦拍拍手，丢掉枪（事实上他是在一战的战壕里最后定稿的），说自己解决了所有的哲学问题。然后把继承下来的巨额遗产（他老爸是欧洲的钢铁巨头）在法律上不可逆地全部赠给了几个兄弟姐妹（他说送给穷人会带来堕落），跑到奥地利乡下去做了十年小学教师并体罚不长进的小孩尤其女童（因为女童尤其对数学不感兴趣）。他之这样做，也是实践其信仰，真诚地道德地生活。这有点康德主义色彩：知性受限于现象，我们需要用伦理通向本体世界。维特根斯坦想象的是托尔斯泰描画的福音式的生活。"跑到乡村穷人中间…他寻求的不是改善他们的外部条件，而是'内在地'改进他们。他想教他们数学、发展他们的智力；想让他们见识德语里的伟大经典，拓展他们的文化意识；想和他们一起读《圣经》，提升他们的灵魂。"（页196）按照罗素的讲法，维特根斯坦这时候是个十足的神秘主义者。

《逻辑哲学论》毕竟没有完全解决哲学问题。如果世界只是显示，言说总是毫无意义的，那么《逻辑哲学论》本身不就是言说了诸多废话么？这是罗素的指控。（页274）另外，数学直觉主义的代表人物布劳威尔（Brouwer）在维也纳的讲座对维特根斯坦触动很深。布劳威尔说数学不需要奠定在逻辑的基础之上。（页252）这时候维特根斯坦因为虐待学生受到指控，实在待不下去了，于是回剑桥再去搞哲学。去火车站接站的是他的终生挚友和支持者、大名鼎鼎的凯恩斯。凯恩斯在给莉迪亚的信中这样宣布维特根斯坦之回归剑桥："唔，上帝到了。我在5点15分的火车上接到了他。"（页257）

经历了几个阶段之后，维特根斯坦最后阶段澄清的思想反映在其死后出版的《哲学研究》中。他的根本坚持仍然未变："显示"和"说出"的根本区别。（页306）但现在他放弃了语言的逻辑图像论。语言不是对事实的逻辑描画，语言是世界本身，是我们的参照体系，我们就活在语言之中。冲击世界的边界，就体现在撞击语言的边界上。因此，用语言去描画世界是错误的，我们应该把语言理解为一种游戏，并恰当地做好这种游戏。哲学就是消除语言误用和误解。（页302）"清除了这种迷雾之后，不能再谈论元理论、游戏理论。只有游戏及玩游戏的人、规则及其应用。"（页312）

罗素完全不理解了，他说，维特根斯坦发现了一种使得严肃研究哲学变得不必要的方法。但是，考虑到维特根斯坦与现代文明的主流的对立，他的严肃性毋容置疑：他之轻易达到边界，（如果被接受的话）让上帝、伦理呼之而出。回到数学基础问题，维特根斯坦的解决是：为数学寻求基础是不必要的。他想架空"数学需要基础"这个观念。（页 332）在此维特根斯坦遭受到某种强硬的抵制。图灵去听维特根斯坦的课并与之争论。当图灵发现维特根斯坦根本不承认矛盾是数学系统的致命缺陷的时候，图灵果断地不再讨论也不再去听课了。（页 425）维特根斯坦最尊重的一个学生，后来转向哥德尔的克莱塞尔（Kreisel）后来说：维特根斯坦对数理逻辑懂得很少，并且只限于弗雷格-罗素那条线上的东西。（页 503）但在更广泛的圈子里，维特根斯坦却统治着整个哲学世界。

维特根斯坦对逻辑、命题和语言的精致而透彻的分析，完全超出我的理解。付之阙如。维特根斯坦是一个同性恋者。他与一个女孩玛格丽特有一段相当长的恋情，但玛格丽特最终选择离开他。在其人生的不同时期，维特根斯坦迷恋过品生特、斯金纳和本，并且始终对弗朗西斯·斯金纳深怀歉疚。

晚年的维特根斯坦很孤独，没有子女和亲人在身边，依赖学生或朋友的帮助和照顾。1951 年 4 月 27 日他在剑桥医生贝文家里去世。在失去意识之前，他对陪伴他的贝文夫人说："告诉他们我过了极好的一生。（Tell them I've had a wonderful life)。"（页 583）

都说维特根斯坦极为真诚。在我看来，其真诚的最具说服力的证据就是：1914 年他捐赠了当时的 4000 英镑资助了十余位奥地利贫穷的艺术家。而在 1920 年将自己继承的所有财产转赠给兄弟姐妹，并拒绝任何的家族帮助，从而此后不得不依赖自己双手谋生甚至有点颠沛流离。

2012 年 1 月 30 日星期一

"在等待之中"

评李猛《自然社会：自然法与现代道德世界的形成》

编者按：本文应朱天元先生之邀写于 2015 年 6 月 27 日，刊于 2015 年 7 月 26 日《经济观察报》。

2000年的时候我在北京大学念书。那时候北大三角地橱窗介绍了一位获得了北大"十佳教师"称号的年轻教师,介绍文字上有这么一句话:"他的现在我们已经看见,他的未来我们还将等待。"这位老师就是李猛。随后的十多年,李猛一直是一个被窃窃私语的学术神话,虽然其间他只是发表了为数寥寥的几篇论文,其中包括艰深和渊博得让人瞠目结舌的《笛卡尔论永恒真理的创造》一文。虽然如此,十五年未磨一剑的等候期也太让人焦虑甚至是产生怀疑或遗忘了。最近,李猛终于出版了他的第一部专著《自然社会:自然法与现代道德世界的形成》。一时间,洛阳为之纸贵,从学术圈到人文媒体界都在热议此书。

《自然社会》这本书洋洋洒洒近500页,其真正的重心是霍布斯和普芬多夫的自然法学说(尤其是霍布斯,论述约有200页,占正文几近一半的篇幅,而且也是最精致细密的部分),格劳秀斯和洛克只是相对简略地被论及,而亚里士多德、阿奎那和苏亚雷斯则只是作为背景知识出现。《自然社会》正文按自然状态、自然法和政治社会的逻辑结构分为三个部分:在上篇中,先是霍布斯以自己的自然状态学说批评和取代了亚里士多德的自然政治性观念,刻画出一幅非社会的自然状态的孤独焦虑的危险处境,然后普芬多夫以亚里士多德现代传人格劳秀斯的自然法学说去柔化或道德化霍布斯危险的自然状态,普芬多夫还引入了野蛮-文明的维度使得自然状态历史化了。中篇先是精细地梳理了从阿奎那沿着苏亚雷斯到格劳秀斯的古典自然法传统(阿奎那使自然法成熟、苏亚雷斯整合理性论和意志论、格劳秀斯则使得自然法传统具有了一幅世俗面貌),接下来李猛分析了在霍布斯、普芬多夫和洛克处以自然权利为核心的现代自然法的危机(霍布斯那里自然法是条件性的,不能终止自然状态;普芬多夫的自然法排除了政治社会的必然性;而洛克自然法的凯旋在洛克自己的知识论的审查下却显得可疑)。下卷相对较为简略地分析了建国的原初契约论题,譬如霍布斯的复杂契约结构和代表概念、普芬多夫的双重契约,以及洛克的作为宪政手段的革命观念。

《自然社会》最引人瞩目的大概是李猛展现的无匹学识和精深的研究。从文本、引文和引述注解中可以看出,李猛谙熟英文、德文、法文和拉丁文,细致地使用和辨析希腊文,而且其西学文献的阅读量像海洋一样惊人。譬如第 236 页对"主体权利"概念的一个很长的注解 2 就不仅清楚地辨析了一般客观法和个体主观权利的区别,而且涉及 Savigny、Villey、Tuhr、Bloch、Hart、Finnis 等诸多大家的专门研究。我的印象是,这样一个注解的学术高度往往是像我这样普通的人一生都难以企及的,而这样的注解在书中极为普遍。这不只是纯形式的赞美，因为在阅读中我确实能获得知识的实质性增益：譬如，我读过霍布斯的《论公民》和《利维坦》，曾深深为《利维坦》消除了《论公民》里原始契约中的原始民主制痕迹而困扰，曾猜测是霍布斯思想的某种退步；但李猛在166页中一个不起眼的分析中就解决掉了我的困惑：霍布斯借此堵死了否定绝对权力的可乘之机，且回避了双重主权学说的困难。李猛在此着墨不多，显然只是其高强度的思辨推进到此的一个节点而已。顺便添一句，李猛对霍布斯三个政治哲学文本中自然激情论述之梳理漂亮极了。再譬如，《自然社会》对洛克之认识论与其基督教自然法学说之潜在冲突的论述，虽然未必有Waldron或Zuckert的相关专著那么细致，却切中肯綮、简洁公允，让人印象深刻。

然而，《自然社会》展现的无匹学识愈是让人敬仰，这种渊博与该书晦暗不明的论旨之间的不匹配或失衡则愈是让人愕然。就展现精细的深度研究而言，《自然社会》竟或不逊于施特劳斯的名著《自然权利与历史》，而且两者论述的主题也有部分重叠（霍布斯和洛克的自然权利理论都是重要的论述主题），但在《自然权利与历史》强硬地将近代政治思想史斥为走向相对主义和虚无主义的沉沦叙事，借以辩护古典自然正当时，《自然社会》却未有任何类似的核心观念来支撑或导引。在最近的专访《人文教育要让学生明白，做一个好人难且值得》中，李猛说《自然社会》的论旨想问："自然法如何构成了西方人对现代社会或现代政治的根本理解，……我关注的核心问题还是，探究自然法如何提供了理解现代社会或者说中国人现在所面临根本处境的关键所在。"然而，这样一种抽离的、认知意义上的旨趣是不足以支撑建构一个内在完整的道德论述的。这不仅使得《自然社会》降身到像塔克《自然权利诸理论》那样博士论文基础上的近乎纯梳理的思想史作品，而且也使得《自然社会》欠缺合理的结构：虽然以霍布斯部分最为精深，它却既不是对霍布斯政治思想的专门研究，也缺乏总体理念来提挈现代自然法思想之变迁，因而只能用自然状态、自然法和政治社会三分法这种初步的逻辑构造来导引全书。其结果是：这种形式划分既阻止了对任何一个自然法思想家的彻底或定论性的研究，又不足以提供充足的理由来连结相关的自然法思想家，因为这种论题上的同一性提供的理由还远远无法穿透霍布斯、普芬多夫和洛克的自然法思想那由各自的形而上学、认识论和神学观念构筑的壁垒。由此，《自然社会》的阅读体验并非很好，上篇最细密，中篇次之，下篇再次之，各篇之间联系松散。考虑到其无匹的学识与晦暗论旨之间的这种失衡，《自然社会》一书甫出即洛阳纸贵或许更多地反映了对学术神话的崇敬，而非专业砥砺的需求。

然而，《自然社会》卷首那篇惊人博学的导论"鲁滨逊的世界"或许为全书提供了一个隐喻性的论旨。现代自然法的世界被隐喻地刻画为鲁滨逊的荒岛，鲁滨逊世界的孤寂和恐惧、劳动与祈祷、安全与战争、财产与国家以及作为根本性的生存方式的漫游。现代人的政治处境如鲁滨逊一样，在历险中努力为自己营造一个"安全，但有些荒凉"的家。《自然社会》最后一句话回应说："每一个鲁滨逊都想要回家，哪怕是为了能再次出发。只是当自然法已经不再能充当'我们的星与罗盘'时，谁能在荒凉的大海中看见我们日渐远离的陆地。""导论"最后说要把鲁滨逊的故事当成普遍人性的寓言，而在专访中李猛也说我们身上多多少少有鲁滨逊的影子。这样则整个《自然社会》不过是为鲁滨逊探究美好生活或回家之可能性的严肃尝试——只要我们认同鲁滨逊就是我们自己或现代人。

然而，鲁滨逊或李猛的鲁滨逊到底是谁？我的感觉是，鲁滨逊与其说是我们这些现代世界的芸芸众生，不若说是李猛自己那样似乎肩负世界的孤异者或异乡人。犹记得多年前读《鲁滨逊漂流记》的时候我讶异于鲁滨逊的强悍：独自一人在荒岛生存二十四年之久，不但没有崩溃或野兽化或死亡，反而凭一己之劳动在岛上重建或回忆了文明生活，并像一个企业家一样在孤独中理性地筹划着自己的领地。鲁滨逊让我们想起的不是芸芸众生，而是穿越千山万水奉献一生在华夏传扬天主荣光的耶稣会士利玛窦，或是像韦伯所言的致力于在成功的俗世事业经营中发现或确证上帝拣选标记的加尔文教徒。在鲁滨逊那样诸神一般的人物与我们这些肉身脆弱的芸芸众生之间隔着遥远的距离，其间经历了从康德、叔本华到尼采再到海德格尔和福柯所刻度出来的漫漫路标。作为现代人，我们驯顺，既感受不到霍布斯世界的巨大恐惧，也常常缺乏那种霍布斯式的永恒而毁灭性的激情；我们对古典学识只抱有有限的敬重，对形而上学敬而远之；我们更爱舒适而非不朽。李猛显然属于鲁滨逊迥异的世界：卓异的才华、谦逊的品质、对知识深切严肃的渴慕和巨大的进展。近二十年来围绕着他的神话般的传说和窃窃私语，这一切见证着一个在内在孤独中回忆和重述文明的学院鲁滨逊。

那么，如果《自然社会》旨在为鲁滨逊探究美好生活，则与其说它是一部为我们所写的著作，不若说更是李猛寻觅中的自我言说。他被领入或现身于我们的世界中，却是一个异乡人。"他的现在我们已经看见，他的未来我们还将等待。"就如十五年前北大三角地橱窗中这句话所隐喻的，像李猛这样的人不寻找平等的朋友，而只会寻觅真理路上的追随者。这让人想起阿尔喀比亚德的苏格拉底、查拉图斯特拉甚或旧约里的先知……然而，考虑到惊人的学识与晦暗的论旨的失衡，《自然社会》仍然构成一个挑战。记得读了《笛卡尔论永恒真理的创造》后，我曾写下："李猛的学问真是浩瀚无涯，学问之路上见不到他的踪迹，只能凭他的吟唱和文字才知道很久以前他曾徘徊而过；……李猛确实已然建立了一个神殿，我所疑虑的只是，这神殿里是否真的居住着一位真理的神明。"我个人仍不太信李猛，然而设若自然之光真的闪耀，如果要等候某人出现，那么应该是从类似李猛那样的位置出现：惊人的才华、谦逊、执着、美好的见证和成就……这不禁让我回想起圣经中的话"有人声从西珥呼问我说：'守望的啊，夜里如何？守望的啊，夜里如何？'守望的说：'早晨将到，黑夜也来。你们若要问就可以问，可以回头再来。'"（《以赛亚书》21:11–12）

附录
读李猛《自然社会：自然法与现代道德世界的形成》小摘要

按语

《自然社会》这本书洋洋洒洒近 500 页，其真正的重心是霍布斯和普芬多夫的自然法学说（尤其是霍布斯，论述约有 200 页，占正文几近一半的篇幅，而且也是最精致细密的部分），格劳秀斯和洛克只是相对简略地被论及，而亚里士多德、阿奎那和苏亚雷斯则只是作为背景知识出现。《自然社会》正文按自然状态、自然法和政治社会的逻辑结构分为三个部分：在上篇中，先是霍布斯以自己的自然状态学说批评和取代了亚里士多德的自然政治性观念，刻画出一幅非社会的自然状态的孤独焦虑的危险处境，然后普芬多夫以亚里士多德现代传人格劳秀斯的自然法学说去柔化或道德化霍布斯危险的自然状态，普芬多夫还引入了野蛮-文明的维度使得自然状态历史化了。中篇先是精细地梳理了从阿奎那沿着苏亚雷斯到格劳秀斯的古典自然法传统（阿奎那使自然法成熟、苏亚雷斯整合理性论和意志论、格劳秀斯则使得自然法传统具有了一幅世俗面貌），接下来李猛分析了在霍布斯、普芬多夫和洛克处以自然权利为核心的现代自然法的危机（霍布斯那里自然法是条件性的，不能终止自然状态，普芬多夫的自然法排除了政治社会的必然性，而洛克自然法的凯旋在洛克自己的知识论的审查下却显得可疑）。下卷相对较为简略地分析了建国的原初契约论题，譬如霍布斯的复杂契约结构和代表概念、普芬多夫的双重契约，以及洛克的作为宪政手段的革命观念。补充一句，中篇对自然法的梳理很经典，忘记说了。

"**导论：鲁滨逊的世界**" 这是一个隐喻。荒岛上孤独的鲁滨逊最大的恐怖却是社会；鲁滨逊在劳动中重建文明，在祈祷中获得安息；他者出现之后，主题就变为安全和战争；在财产基础上通过契约建立国家，"鲁滨逊的权力在根本上仍然来自他对于荒岛的所有权"。（李猛：《自然社会：自然法与现代道德世界的形成》，生活・读书・新知三联书店 2015 年，页 29，下同）鲁滨逊有一种漫游的精神，这种对被给予的处境的不满是现代人的原罪。对鲁滨逊来说，"最大的不道德是无所事事"。（页 35）最大的德性是 honesty。漫游是为了回家，鲁滨逊在历险中为自己营造了一个孤独者的家，"安全，但有些荒凉"。（页 39）我们"想要知道，鲁滨逊的故事是如何从一个人的'历史'成为了普遍人性的寓言"。（页 40）

上篇　自然状态

"**第一章：从政治到社会**" Aristotle 说人是政治的动物，人自然地具有政治性：在城邦这一自足的共同体中，人们通过选择和安排过上幸福的生活，在其中统治关系是自然政治性的核心意涵。（页 52）统治和伦理都是基于理性的基石，正义这种外在的善的分配将德性与幸福的生活道路关联起来；而友爱是自然政治性的另一个向度。Aristotle 也提到独居这种偶尔的可能性，而把孤独转变成普遍的生活方式，是现代政治的最大成果。Hobbes 说 Aristotle 的人的适应社会的倾向的学说是浅薄的，人的自然倾向指向自身，人争胜，人只能靠人为信约建立的公共权力才能获得一致。而 Aristotle 的现代传人 Grotius 则坚持一种自然社会性：在"属己"中自爱有扩大，并伴随着理性的成长，此即"按照自然生活"。这里关键在于"属己"中情感的优先性。爱的双重性：自爱和对他人的关切，从自我保存到正当理性，后者逐渐更为重要。社会性的两方面（对社会的关切和个人的效用）是自然法权的源泉。Hobbes 和 Grotius 都背离古典：区分自然社会与政治社会，"孤立或抽象出一个无须政治性奠基的'社会'"。（页 89）

"第二章：霍布斯的自然状态学说" 在黄金时代的神话、柏拉图的对话录、卢克莱修的《物性论》和基督教的夏娃故事中都有自然状态叙事。霍布斯的自然状态中，自然仅仅指自然能力和经验，"经验……是自然状态下人性构成的枢纽"（页 110）；在自然中没有共同权力，artifice 是自然的对立面；自然状态不仅仅是原始阶段，也不仅仅是虚构的思想实验，而是"对人性的实质理解的总体性概念"（页 114）；自然平等的特征，尤其是面对死亡的自然平等；自然状态是一种战争状态：自然平等下人性激情的冲突表现为欲望的竞争、比较和分歧、虚荣，在 *Leviathan* 中竞争被调整为首要，（页 126，此处对霍布斯文本的分析很精深）竞争被归结为权力的对抗，复杂的激情结构；自然激情理性化提供了另一论证，自我保存成了一切人对一切东西的权利或自由，"将自我保存从一种自然性质或者说自然必然性转变为法权"。（页131）只有私人判断权，失去公共尺度。这将自然激情的冲突变成法权意义上的矛盾。（页137，这一转变是含混的：论述的，还是事实的？）Hobbes 之所以将国家拆解为自然状态，其设定是"政治社会并不改变人性"。（页144）家庭、教会、法人团体都被权力关系化，霍布斯旨在"清除理性建构的政治制度可能面临的'精神'障碍"。（页163）人民也被拆解为群众（multitudo），这里从《论公民》到《利维坦》的一个转变将统一性与主权者人格联系起来，否定了原始民主制。（页166）这样的自然状态中，人具有一种面向无限未来的孤独焦虑，在其中，生活孤独、贫困、卑污、野蛮而短促。

"**第三章：社会的构成**" 面对霍布斯给社会学学说带来的阴影，Pufendorf 努力中和 Hobbes 和 Grotius。在 Pufendorf 这里，自然状态在根本的含义上是人性论，为上帝的自然法所支配，是意志论状态；但就其是起点而非目的而言，是非目的论的。Pufendorf 还对自然状态进行了分类：人性的（非野兽、对上帝的义务）、原始的（非文明的、对自己的义务）、无政府的（非政治的、对他人的义务），其中，非文明的原始意义是后来添加的。Pufendorf 的自然状态是一个道德空间，而且是实质生活的形态。Pufendorf 的自然状态历史化了：是霍布斯自然状态与圣经历史的折中，始祖之后的某种状况，文明演进的一环。政治社会不再是人性自然的成全，而是"人类文明的积累和进步"。（页212）

康德的"非社会的社会性"一词赋予霍布斯的自然状态–战争状态以世界历史意义,即在 Pufendorf 处的综合:拒绝绝对自由,Pufendorf 建国的主要原因是激情的不稳定和危险。

中篇　自然法权

"第四章:自然法权的分裂"　格劳秀斯对法权(ius)做了三种定义:(由自然本性的)正当、(由道德属性而来的)权利和法(lex)。这一三重回答恰好展示了法权概念复杂的遗产:首先是基于自然本性的自然正当;其次是将 ius 理解为基于人身能力的主体权利的概念,这是现代权利思想的特征(从一般法到个体权利),挣脱客观法的自然秩序框架。(Villey:罗马法不围绕权利,而是正当;Marsilius 区分 lex 和 ius;在 Ockham 那里主体权利第一次变得清晰;权利:主体行动的潜能或能力,一种许可性的权利;在 Gerson 处,ius 完全成形了;在 Suarez 那里,主体权利成了权威)。但主体权利仍然受制于统治的自然正当概念,现代自然法要拓殖。 格劳修斯最关心主体法权定义,还要从约束力或 lex 的角度来理解 ius。李猛接下来更细致地回溯了自然法的历史:首先自然法在阿奎那那里才真正完成:善是自然倾向的东西、规范的法与倾向结合在一起,良知这一实践理性的倾向;在苏亚雷斯那里有阿奎那理性主义与现代路线(意志论)的综合:更严格的法律定义(只适用于理性而自由的造物、只涉及道德、强加了义务),法律是上位者与下位者的支配关系。兼顾自然法的指示性和规范性;格劳秀斯处自然法获得了世俗化形象,奠基于人性的自然构成,"但哪怕上帝不存在"一语只是反事实的话语(页282),背后自然权利的基石仍是上帝意志。格劳秀斯的自然法既是指示性的,又是规范性的,还强调第三个意涵即严格的法律规范。

"第五章:现代自然法的危机" 这里陈述了自然法在霍布斯、Pufendorf 和洛克那里的危机性发展。现代自然法的困境是:"如何从个体的自然权利这一现实但却薄弱的基础出发,建立严格意义上的自然法?"(页291)李猛精致地梳理了霍布斯自然法的条款(契约、社会性、平等、占有、仲裁)。霍布斯的自然法是理性发现的和平条款,自然权利是唯一的出发点,但由于履约的不可靠和合理猜疑的存在,"无法通过放弃自然权利来实现自然权利向自然法义务的转化"。(页304)国家而不是自然法才终止自然状态。自由(自然权利)与义务(自然法)的替代分析也表明,"自然法相对于自然权利的条件性依赖地位"。(页324) Pufendorf 的自然状态的人则受自然法支配:人卓越而败坏、多样性而脆弱,具有法权意义的平等,而意志是引导人行动的内在原则,人是道德存在;人自爱而脆弱,因而根本自然法是和平社会性,这是基于立法者的权力,"自然法的义务只能来自上帝"。(页355—356)Pufendorf 将自然状态道德化的困难在于排除了建立政治社会的道德必然性。洛克的特点是引入了认识论的新路线,《自然法问答》就质疑了天赋论,指明感觉才是自然法可知性的真正本源,这与传统自然法相抵牾,《人类理解论》加剧了自然法的困难,对天赋论的批判危及了自然法的可知性,危及了整个道德义务的基础。而在《政府论》中洛克则回避了议题，只是预设了自然法，因此在认知性判定之前就庆祝了自然法的凯旋。

下篇　政治社会

"第六章：人为国家"　契约国家论是现代自然法学派影响最大的学说。霍布斯那里，建立政治联合体的契约创出主权者；具有复杂的契约结构：契约与自由赠予。相应的双重义务。建国契约同时构造出国家及其道德基石。霍布斯处代表概念很重要，契约建立的统一体的政治人格需要被代表，霍布斯放弃了"通过'人民'概念理解国家的主权和公共性的方式"（页415），在他的公共人格和代表人格之间存在张力：君主人格从代表变成国家人格本身，因为代表者有双重人格：公共人格和自然人格。Pufendorf通过双重契约（建国契约和服从契约）来对绝对权力进行限制，在两个契约之间是原始民主制或制宪权阶段。

"第七章：革命政治"　革命是一个现代概念，与洛克的《政府论》相连。革命的条件是政府的解体：立法权变更或信托关系两个路径。就前者而言，有最高的立法权和必须的执行权，而君主也分享了立法权，还具有专权，因而行政权最危险。对政府的普遍疑惧导致政府危险，革命是防范叛乱的最可靠手段，"是具有宪政意义的防范机制"。（页458）李猛说洛克的观点是：财产是政治社会的基础。"财产的基础权利与政治权力的关系，就是洛克所谓的信托。"（页469，我觉得这句不对。）人民握有共同体最高权力。政府创立和革命成为共同体运用集体权力的两种方式（则革命就是制宪权的一部分了)。革命潜在地回到了自然状态,但革命剩下的不只是文明的废墟,势必要重新寻找共同生活的可能性。这里李猛补了句隐喻的话:"每一个鲁滨逊都想要回家,哪怕是为了能再次出发。只是当自然法已经不再能充当'我们的星与罗盘'时,谁能在荒凉的大海中看见我们日渐远离的陆地。"(页484)

哈贝马斯：通过理性之公共运用的和解

评罗尔斯的《政治自由主义》

文 /J. 哈贝马斯　　译 / 江绪林

编者按：本文据 Jürgen Habermas, "Reconciliation Through the Public Use of Reason: Remarks on John Rawls's Political Liberalism", *The Journal of Philosophy*, Vol. 92, No.3 March 1995 译出。初刊于《哲学译丛》（现更名为《世界哲学》）2001 年第 4 期，刊发时有删节，本书所收为更完整的修订稿。

在实践哲学最近的历史上，约翰·罗尔斯的《正义论》[1]标志着一个关键性的转折，因为它使得长期受到冷落的道德问题恢复了作为严肃的哲学探究对象的地位。康德以一种独特的方式提出道德（morality）的基本问题，这种方式允许（admit）理性主义的答案：我们应当如此行为，使得我们的行为对所有人都同样是善的。罗尔斯摒弃了康德的超验哲学背景假设，在关涉到正义社会的构建问题上，更新了康德的理论方法。与实用主义和价值怀疑主义不同，罗尔斯对康德的自律原则提出了一种主体间（intersubjectivist）的阐释：在理性的公共运用的基础上，法律若能被相关者普遍接受的话，那么，当我们遵守这些法律时，我们的行为便是自律的。在新近的《政治自由主义》[2]中——在该书中，罗尔斯完成了对自己二十年来的正义理论的扩展和修正工作——他把这个自律的道德概念作为解释民主社会中公民政治自律的关键："只有当我们履行政治权力的实践符合宪法时，而我们可以理性地期许自由而平等的公民，按照他们的共同人类理性可以接受的那些原则和理想来

---

[1] 《正义论》：剑桥，哈佛大学出版社，1971年，以下简称 TJ。
[2] 《政治自由主义》：纽约，哥伦比亚大学出版社，1993年，以下简称 PL。

认可该宪法的根本内容时,我们履行政治权力的实践才是完全恰当的。"(PL137)以前罗尔斯采取了一种反对功利主义的立场,而现在他主要回应的是语境主义的立场(contextualist positions),这种立场质疑所有人共享一种理性这样的假设。

因为我钦佩这一努力,共享其意图,也认为其关键结论是正确的,所以我这里表达的异议将处在家族争议的范围以内。我的怀疑仅限于:面对其批评者,罗尔斯是否总是以最有说服力的方式展现其重要的规范性洞见。但首先让我简要地回顾罗尔斯工作的概要。

罗尔斯论证了建构现代社会所必需的一些原则——如果想要确保由自由而平等的人们构成的公民之间的公平合作的话。罗尔斯的第一个步骤是阐明某种立场,从这个立场出发,虚构的代表可以公平地给出该问题的答案。罗尔斯解释了为什么在原初状态中的参与者会在两个基本原则上达成一致:首先是在自由原则上,依据此原则每个人都对基本自由的体系有平等的权利;其次是在一个次要的(subordinate)原则上,该原则确保公职在机会均等的条件下公平开放,并且规定社会的不平等只有在适合于最少受惠者的利益时才是可接受的。在第二个步骤中,罗尔斯表明,在一个多元社会中,这种正义观念能够预期得到同意,而这种正义观念本身就促进这种社会多元化。作为一种并不要求取得真理地位的合理的建构(reasonable construction),政治自由主义对那些彼此冲突的世界观持中立态度。在第三个步骤也是最后的步骤中,罗尔斯简述了宪政国家中的基本权利和原则,这些权利和原则可以从正义的两条基本原则中推导出来。与这些步骤的次序一致,我的异议与其说是针对罗尔斯的构想本身,不如说是针对该构想实施中的一些方面。我的感觉是:罗尔斯向敌对的哲学立场做出了让步,但这种妥协损害了其构想的说服力。

我的批评是建设性的和内在的。首先,我怀疑原初状态的所有方面是否构设得足够阐明和保证一种基于道义论正义原则的公平判断的立场(I)。其次,我认为罗尔斯应该在正当性论证问题和可接受性问题(justification vs. acceptance)之间做出更清晰的区分;作为一种代价,他似乎在追求其正义概念的中立性地位的同时放弃了这同一概念对认知(cognitive)有效性的要求(II)。这两个理论决断的结果就是一种宪政国家的建构,该类型的宪政国家对基本的自由权利比对正当的民主原则(the democratic principle of legitimation)给予了更为优先的地位。由此,在协调现代自由和古代自由这一目标上,罗尔斯失败了(III)。我以政治哲学的自我理解这一主题结束我的评论:在后形而上学思想时代,政治哲学应当是谦逊的,但不能以错误的方式如此(this should be modest, but not in the wrong way)。

在当下与罗尔斯对话中我扮演的角色迫使我将一些临时的保留意见发展为反对。这种激化因我的(友好而激发性的)意图而正当:使一种高度复杂而构思精巧的理论那不易察觉的论证运转起来,从而展示其力量。

1. 原初状态的设计

罗尔斯设想的原初状态是这样一种处境，在其中理性地选择（rationally choosing）的公民代表服从于特定的约束条件，这些约束条件能保证在实践问题上公平的判断。完全的自律这个概念为已经生活在良序社会的制度中的公民所保留。为了建构原初状态，罗尔斯将政治自律这个概念分为两个要素：一方面是寻求理性利益（rational advantage）的参与者在道德上中立的特征，另一方面是道德上实质性的处境约束，在这些约束下参与者们为公平合作的系统选择原则。由于这些规范的约束，参与者只允许被赋予最少的特性，尤其是"对于善观念的能力（因而是理性的）"。不管这些参与者是仅仅怀着目的-理性的考虑（purposive-rational considerations），还是也在从事着特定人生计划的伦理探索，他们都会按照他们的价值偏爱来做出自己的选择（也就是说，从他们所代表的公民群体的立场来选择）。他们不需要从这样一种道德立场去看待问题（这种立场要求他们考虑所有人的平等利益），因为这种公平性（impartiality）由一种加在相互冷淡的（mutually disinterested）、自由而平等的缔约方之上的无知之幕所保证。因为缔约方不知道在（他们将建构的）社会中他们将据有何种位置，因此自我利益将迫使他们思考什么是对所有的人同样好的方案。

原初状态的建构（这种原初状态以一种合理的方式构设了

理性行为者 [rational actor] 的选择自由）为罗尔斯最初的意图所解释，这种意图就是将正义论呈现为一般的选择理论的一部分。罗尔斯从这样的设定开始：只需要对契约各方所面临的选择予以恰当的限制就能够从他们合理的自我利益中推导出正义原则。但是罗尔斯很快就意识到，自主公民的理性不能被还原为受主体偏爱所限定的理性选择（rational choice）。然而，就是在设计原初状态开始所试图达到的目标被修正之后，罗尔斯仍不得不持这样一种观点：道德立场的意义能按这种方式操作化。这就导致了一些令人遗憾的后果，下面我将谈及其中三种：（1）仅仅在理性利己主义的基础上，处在原初状态的参与者能够把握其委托人的那些最高次序的利益吗？（2）基本权利能够等同于基本善吗？（3）无知之幕能保证判断的公平性吗？

（1）罗尔斯不能一致地维持这一决断，即完全自律的公民能够被缺乏这种自律的参与者所代表。公民被认为是具有正义感和善观念的能力的道德人格，并且致力于以理性的方式发展自身这些内在的倾向。而就原初状态的参与者而言，道德人格的合理（reasonable）特征被理性（rational）设计的约束条件所取代。而与此同时，参与者却被指望能够理解和适当考虑恰恰伴随着这些人格特征而来的公民的"最高次序的利益"。例如，他们必须考虑如下事实，如自律的公民不仅仅从自我利益出发，而是基于正义原则来尊重其他人的利益，他们有责任保持忠诚，他们试图通过对自身理性的公共运用来确信现存制度安排和政策的合法性，等等。因此，原初状态的参与者被假定能理解和严肃地承担自律的含义和后果，而人们却认为，这些参与者本身不需要具有这种道德自律。当然，对于倡导自我关联的利益和在细节上仍不清晰的善概念的人们来说，上述情况或许仍然是可信的。但是，对正义考虑的意义仍然能不受理性利己主义者的影响吗？无论如何，在理性利己主义所设定的范围内，参与者们是不能取得互惠立场的，而这种互惠立场是他们所代表的公民必须采取的——如果这些公民要以一种公正的方式来处理那些对所有人都同样是善的事物的话："在其合理慎思中，各参与者都认为……不存在任何外在于他们（作为理性代表）自己观点的立场。"（PL73）如果参与者们要理解他们所寻求的道义论原则的含义，并且充分地考虑其委托人对正义的利益，他们所具有的认知能力（cognitive competences）必须超出对理性选择者（这些理性选择者对于正义是漠不关心的）来说已经足够的能力。

当然，罗尔斯能够相应地修正其原初状态的设计。实际上，在《正义论》中他已经以各种方式限定了各方契约参与者的合理性（rationality）概念。一方面，参与者们彼此间漠不关心，像"尽可能获取最高分数"（TJ144）的游戏者那样指导自己的行为。另一方面，他们又具有一种"纯形式"的正义感，因为他们知道在他们要扮演公民角色的良序社会里，他们将遵从被选定的原则（TJ145）。这可以被理解为：原初状态的参与方对其委托人将来生活中的具约束力的相互性（binding mutuality）有认知，虽然在当前他们必须在不同的前提下协商。这种规定是完全可允许的。我唯一的问题是，沿着这种方向扩展之后，该设计是否因为已偏离原初模式太远而失去了它的分量呢？因为一旦参与者们不再局限于理性利己主义的范围而与道德人格有某种近似，那么在主体选择的合理性（rationality）与恰当的客观限制之间的区分就会失效，而正是通过这种区分，那些关心自我利益的代理人才被认为可以取得道德上正确的决定。这一后果或许对该方案的其他部分不会有很大的影响，但它使人注意到被原初的意向（这一意向同时又被抛弃了）所强加的概念上的限制，这一原初意向本来是为了给托马斯·霍布斯的问题提供一个理性抉择（decision-theoretical）的方案。因为原初状态理性抉择的设计的另一个结果是对基本善的引入，而这一规定对该理论的进一步发展是很重要的。

（2）对于约束于第一视角的理性选择者来说，所有规范问题都能完全用利益或价值来陈述，这些利益或价值能被善满足。善就是我们所努力的目标——对我们善的东西。罗尔斯将"基本善"作为人们为实现生活蓝图所需要的那些普遍手段和媒介引入进来。虽然参与者知道有些基本善采取了良序社会中公民的权利的形式，在原初状态中他们只能将权利描述为"善"的一个范畴。对各方参与者来说，正义原则的问题只能以基本善的公正分配问题的形式出现。因此罗尔斯采纳了适合于一种特定的善伦理学的正义概念，该伦理学与其说与一种权利的理论（如罗尔斯自己的从自律概念开始的权利理论）一致，不如说更接近亚里士多德或功利主义的途径。恰恰因为罗尔斯坚持一种正义概念（在这种正义概念中，公民的自律通过权利被建构起来），分配的范式对他造成了困难。权利只能通过实践来"享有"。它们（指权利）如果被认同为基本善的话，则会丧失其道义论的含义。只有那些享有权利的人们彼此承认别人自由平等的地位时，一种平等的权利分配才可能出现。当然存在对善或机会的均等分享的权利，但是权利首先调节的是行为者之间的关系：权利不能像物件那样"被占有"。如果我的意见不错的话，理性选择模式在概念上的限制妨碍了罗尔斯从基本权利来推定基本自由，因而不得不将这些基本自由解释为基本善。这导致罗尔斯将义务规范的道义论含义等同于价值偏爱的目的论含义。这样，罗尔斯就混淆了一些区别，为了表明这种混淆如何在其规划的进一步展开中限制了罗尔斯的选择，我将简要地提及这些混淆。

规范关涉到那些人们应该做什么的决断，而价值则涉及那些最值得向往的行为的决断。普遍认同的规范对于人们施加了平等而毫无例外的义务，而价值则表达了某些特殊群体为之努力的、人们认为更可取的善。规范可以在通过履行一般的行为预期模式的意义上被遵从，而价值或者善则只能通过目的性行为来实现或获取。规范提出的是一种二元选择的有效性要求，它要么被认为是有效的，要么就被认为是无效的：对于应当陈述，就如对断言陈述一样，我们只能回答"是"或"不"——或者不做判断。与此对照的是，价值则注重各种偏爱的关系，这意味着某些善比其他的善更有吸引力：因此我们可以用赞同的方式把评价性陈述置于更高或更低的层面上。规范的束缚力量意味着一种绝对普遍而无条件的责任：一个人所应当做的事情或行为对所有人而言都同样是善的。价值偏爱反映的是一种评价和可传递的（transitive）善的次序，在特定的文化中，这种善的次序被建立起来或被特定的群体所采纳：总体而言，那些重要的评价决断或高阶偏爱对于我们（或我）是善的。最后，当一些规范对同一对象群提出合法性要求时，这些不同规范之间彼此不能相互矛盾。它们之间必须彼此协调一致，必须构成一个系统。与此对照的是，不同的价值之间在竞争优先地位；当它们在某种文化或群体中获得相互承认时，它们会形成某种充满内在紧张的不稳定的结构。总结上面的分析，规范不同于价值，第一在于规范与法则统治相关，而价值则与目标性行为相关；第二，规范要求对各个合法性宣称进行二元选择，而价值则将之置入梯度模式中；第三，规范是绝对的，而价值则只有相对的约束力；最后，规范系统必须满足的标准对价值系统并不存在。

然而，罗尔斯希望公正地对待那些在上述区别中表现出来的道义论的直觉；因此，他必须补偿被抹平的义务论维度（作为原初状态设计的一个后果），这一维度原来与基本善概念一样被接受。因此罗尔斯对第一原则比对第二原则授予了更为优先的地位。然而，从第一人称视角来看，基本自由对由第二原则调节的其他基本善的绝对的优先地位是很难得到论证的，而正是在这种第一人称视角中，我们才形成我们的利益和价值。H. L. A. 哈特在他对罗尔斯的批评中已经清晰地表达了这种思想。有趣的是，罗尔斯只能通过对基本善添加一个后续的限制来回应这一批评，该附带限制保证基本善与作为基本权利的基本自由具有一种关系：罗尔斯只承认那些对生活蓝图和作为自由平等人格的公民的道德能力的发展有益的因素是基本善。并且，通过把自由的"公平价值"纳入第一原则，罗尔斯将构成秩序良好社会（道德意义上）之制度框架的基本善从其余的基本善中区分开来。

然而这种额外的规定却悄然预定了在权利和善之间的一种道义论上的区分，这种区分本身则与起初将权利归类为善的做法相矛盾。因为平等的自由的公平价值要求运用这些权利的平等机会具有实际的可获得性，所以，只有权利（而不是善）能以这种方式加以限定。只有涉及权利的时候，我们才可以在合法的资格和选择（以及相应行为）的实际机会之间做出区分。平等分配的善的"公平价值"要么是冗余，要么是无意义。用维特根斯坦的话说，对善进行法律平等和实际平等的区分，在语法上是没有道理的。如果说基本善的概念能在第二步进行修正的话，那么我们可以问第一步（使得该概念成为必要的原初状态的设计）是否明智。

（3）上述反思表明，对于原初状态中的参与者各方来说，做出理性选择的能力不足以把握其委托人的最高序的利益，或者说不能理解优先于集体目标的作为王牌的权利（在罗纳德·德沃金的意义上）。既然如此，那么为何参与者各方一开始就被剥夺了实践理性而被笼罩在不能穿越的无知之幕中呢？罗尔斯的洞见是很清楚的：绝对律令的角色由一种主体间适用的程序所取代，这种程序体现在参与条件（如参与者各方的平等地位）和处境特征中（如无知之幕）。然而，在我看来，这种做法潜在的利益恰恰被对信息的系统剥夺所耗费。这第三个问题也揭示了前两个问题所由提出的视角：我相信罗尔斯本来可以避免伴随着原初状态设计的困难，如果他以一种不同的方式处理（operationalize）道德立场的话，也就是说，如果他以一种严格的程序方式来操作，使得实践理性的程序概念不受实质性内涵的影响的话。

康德的绝对律令已经超越了黄金律"己所不欲，勿施于人"的自我中心主义的特性。黄金律要求从给定的个体立场来进行普遍化检验，而绝对律令则要求所有可能的关涉者都能够期望自身的准则成为普遍的原则。但是只要我们以一种独白方式来应用这一更严格的检验的话，绝对律令仍然是一种个体化的孤立视角，从这种孤立的个体视角出发，考虑所有人期望的东西，这是不恰当的。因为只有当个体的自我理解反映了一种先验意识（即普遍有效的世界观）的时候，从个体立场看来，对每个人都同样好的事情才可能真正是每一个体的平等利益。但是在社会和意识形态多元化的条件下是不能假定这一前提的。如果我们希望保留康德的普遍律令的根本洞见的话，我们可以以不同的方式来回应多元主义的事实。通过信息约束，从一开始就把特定立场的多样性中立化，罗尔斯把一种共同的视角强加于原初状态中的参与者各方。与此对照的是，交谈伦理学认为，道德立场体现在主体间的论争实践中，这些论争迫使这些主体卷入理想化地扩展他们的诠释视角。

交谈伦理学基于这样一种洞见：恰当理解的普遍化原则要求一种"理想角色扮演"的协作过程。它用论争的实用主义理论来解释 G. H. 米德的思想。在自由平等的参与者广泛的、非强制性的理性交谈这种实用主义的前设下，要求每个人都采取其他人的视角，从而使个体投入所有他者的自我和世界的理解中；从这种视角的相互勾连中，涌现出一种理想的、扩大了的"我们的视角"，从这一视角出发，所有人都能够共同检查他们是否愿意将一个有争议的规范确定为共享实践的基础；这将包括对语言的恰当性的相互批评，而处境和需要正是在这种语言中得到诠释的。在不断进行的抽象化过程中，那些可一般化的利益和兴趣的核心部分将逐渐地显露出来。[1]

然而在罗尔斯那里事情并非如此。在原初状态中无知之幕从一开始就将参与者各方的视域限定在基本原则之内，那些自由平等的公民虽然可能对自我和世界有各异的看法，却被假定为对这些基本原则持赞同态度。值得注意的是，随着这起初的分离做法，罗尔斯接受了双重证据的负担。无知之幕必须扩展

---

[1] 参见 William Rehg, *Insight and Solidarity: The Discourse Ethics of Jürgen Habermas* (Berkeley: California UP, 1993)。

到所有的特殊立场和利益，这些特殊立场和利益可能损害公正的判断；同时，无知之幕又必须只扩展到作为会被自由平等公民所接受的共同善的竞选对象的那样一些规范事物，这些事物的取消不会造成进一步的困难。一个简要的反思将表明，这第二个条件是该理论很难满足的。在正义原则得到论证之后，在接下来的宪政建构、立法和法律适用等步骤中，无知之幕将逐渐被揭去。如果新加入的信息必须与在信息限定的条件下选择的基本原则相一致的话，就必须避免不适合的意外。如果我们要确保不出现矛盾，我们必须在建构原初状态时具有关于规范内容的知识甚至预见，这些知识应当潜在地培育未来的自由平等的公民的自我理解。换句话说，理论家自身必须承担起部分预测信息的负担，而同时他却否定原初状态中的各方具有这些信息！只有当在原初状态建构中所采用的基本规范概念（如罗尔斯意义上的政治上自律的公民、公平合作、秩序良好的社会等概念），能在未来具有道德重要性的经验和学习过程中经受得起修正的时候，原初状态下的判断的公平性才能获得保证。*

---

1 本节原文还有一段，初刊中删去，修订时亦未补足，现录如下：If such a heavy burden of proof is generated by the deprivation of information imposed on the parties in the original position by the veil of ignorance, a convenient response would be to lighten this burden by operationalizing the moral point of view in a different way. I have in mind the more open procedure of an argumentative practice that proceeds under the demanding presuppositions of the "public use of reason" and does not bracket the pluralism of convictions and worldviews from the outset. This procedure can be explicated without having recourse to the substantive concepts that Rawls employs in the construction of the original position.——编者注

2. 多元主义的事实和重叠共识的理念

从罗尔斯的题为《道德理论中的康德建构主义》的杜威系列演讲以来，他已经强调"公平的正义"的政治性。这种转变主要由他对社会多元主义，尤其是对意识形态多元主义这一事实的忧虑所促成。在讨论"无知之幕"的时候，我已经澄清了正义理论其原初理论决断自身所承受的证据负担。在正义的两个最高原则的论证中，关键的因素与其说是在原初状态中的深思熟虑，不如说是指导原初状态设计的洞见和基本概念。罗尔斯将规范内容引入正当性论证程序，尤其是与道德人格概念相连的理念：即公平感和个体自身的善概念的能力。因此，作为道德人格的公民概念（这一概念也是政治上自律的公民的公平合作概念的基础）需要一种先天的论证（a priori justification）。并且，需要表明这一概念对许多冲突的世界观保持中立，并在无知之幕被揭去之后仍然是没有争议的。这解释了罗尔斯的兴趣是政治的正义概念，而非形而上学的正义概念。我所疑虑的是，这一术语（作为道德人格的公民）并未澄清这一尚待论证的概念的具体特性；因而在应当如何理解该理论自身的有效性宣称上仍存在不确定性。因而我将考察正义理论所依赖的重叠共识的概念是扮演一种认知的或仅仅工具性的角色：它是主要有助于该理论的进一步论证呢，还是在该理论的先天论证中阐明了社会稳定的必要条件（1）？与此相关的是罗尔斯使用的谓语"合理的（reasonable）"的意义问题：是道德判断的有效性的谓语呢？还是开明的容忍这样一种反思态度的谓语呢（2）？

（1）为了确切地阐明那些根本的规范性观念，罗尔斯求助于所谓的反思均衡的方法。通过对已获证明直观的理性重构（这些直观实际上在民主社会的实践和传统中被发现），罗尔斯获得了道德人格这一基本概念以及诸如政治上自律的公民、公平合作、秩序良好社会等附属的概念。当他能确信那些关涉者没有充分的理由拒绝以这种方式重构和澄清的直观的时候，反思均衡就达到了预定的效果。理性重构的程序和方法已经遵循了托马斯·斯坎伦的"拒绝是不合理的（not reasonable to reject）"的标准。当然，罗尔斯可不希望将自己仅仅局限于特定的政治文化的基本规范信念：纵然是现在的罗尔斯也还不是一个语境主义者（而罗蒂则是）。如同以前一样，罗尔斯的目标是重构潜存于他所在社会的政治文化及其民主传统中的那些直观观念的基底。但是，如果伴随着那些已经成功地体制化了的正义原则的经验早已沉淀在既定的政治文化中（比如美国），那么这种重构的努力就绝不仅仅是对一种偶然传统的解释学的澄清。如此推定出来的正义概念必须重新接受检验，看它是否能期待在一个多元社会中获得认同。这第二步是如何同证明两条最高原则的第一步相连的呢？它是否能恰当地被称为证明的第二步呢？

在《正义论》最后一章中，罗尔斯已经强调了依据正义原则建立的社会能否稳定自身的问题：举例来说，这样的社会能否通过对其公民进行必要的政治社会化从自身的资源中获得功能上必要的动力（TJ496ff.）。考虑到他后来愈来愈严肃地看待的社会和意识形态多元主义的事实，罗尔斯试图以类似的方式检查正义这一理论概念能否落入"可能性的艺术"，从而是"适用的"。[1] 首先，正义理论最终所依赖的人格这一关键概念必须足够中立化，以便不同世界观的人们都能接受。因而，必须证明作为公平的正义能构成"重叠共识"的基础。到目前为止一切良好。使我困扰的是罗尔斯的基本假设：认为这种可接受性的检验（test of acceptability）与在论及秩序良好社会自我稳定的潜力时所采用的一致性检验（test of consistency）属于同一个类型。

由于在关涉到可接受性的检验时，不能以一种内在的方式来检验（不再是理论内部的行动），所以上述方法论的类比是成问题的。考虑到彼此冲突的世界观，基本规范概念的中立性的检验必须基于另外的前提：它不同于对已经按照正义原则组织起来的社会的自我维护能力的假设性检验。在其当前的著作中，罗尔斯自己区分了理论建构的"两个阶段"。第一阶段中得到证明的原则，在第二阶段中必须被置于公开的讨论之下。只有当理论设计已经完成的时候才能引进多元主义的事实，原初状态中对信息的抽取也可以撤除了。整个理论必须在公共理

---

[1] "The Domain of the Political and Overlapping Consensus," *New York University Law Review*, LXIV (1988): 223-55, p. 246.

性的论坛上接受批评。但这里指的不是在理论范围内陈述的正义社会里虚构的公民,而是指有血有肉的真实的公民。因此,理论的可接受性检验的结果必须是未曾决定的。因为罗尔斯考虑的是其结果未知的实际交谈:"如果结果表明,作为公平的正义原则不能赢得合理信条(reasonable doctrines)的支持,以至稳定性辩护失败,情况会怎样呢?……我们应该看看,正义原则的各种可接受的改变是否会导致稳定。"(PL65—66)很清楚的是,罗尔斯至多能够指望在思考中预期实际交谈的倾向,这种倾向是在多元社会条件下很可能表现出来的。然而,这种多少有些模拟真实状况的实际交谈,是不能按照在正义社会的基本前提下获得自我稳定可能性的同样方式并入理论中的。因为现在是公民们自己在争辩由原初状态中的参与者各方发展起来的前提。

这种容易引起误导的类比本来不会产生进一步的后果,如果该类比未曾错误地铸造了(cast in the wrong light)"重叠共识",而正义原则就被认为可以同"重叠共识"相汇合。因为罗尔斯把"稳定性问题"置于最显著的地位,重叠共识仅仅表达了这样一种功能上的用途,即正义理论由此可平稳地促成社会合作的体制化;但在此已经预设了一种已获证明理论的内在价值。从这种功能主义的视角出发,正义理论是否能获得公共赞同的问题(即在理性的公共运用论坛上面对不同的世界观)将失去认识论上的意义,而这一点对该理论本来至关重要。那么重叠共识将只是效用的一个指标,而不是该理论正确性的证实：从可接受性和合法性的角度看来，重叠共识不再有重要意义，只是从现实接受的，也就是说从维护社会稳定的角度看来仍然是重要的。如果我正确地理解了罗尔斯的话，他并不希望以这种方式在合法性问题和稳定性问题之间做出区分。当他肯定其正义概念的政治性的时候，他的意图是取消正当的可接受性（justified acceptability）和实际的接受（actual acceptance）之间的区别："作为一个政治的概念，'公平的正义'的目的是实践的，而不是形而上学的或知识论的。也就是说，它不是将自己表现为一个具有真确性的正义概念，而是一个能够用来为自由平等的公民之间公开自愿的政治契约奠定基础的概念。"[1]

在我看来，罗尔斯必须在可接受性和实际接受之间做出更清晰的区分。对于正义理论的一种纯粹工具主义的理解，由于下述事实而失效：在取得重叠共识以前，公民们必须首先信服如此提议的正义概念。正义概念不能在一种错误的意义上是"政治的"，不能仅仅导致一种临时妥协。正义理论自身必须提供这样的前提，"该前提我们和别人都会认为是真确的，认为对于在政治正义的基础上达成的一项可行的契约是合理的"[2]。但是如果罗尔斯摒除对"公平的正义"的一种功能主义解释，那么他必须允许其理论的有效性与其（对在公共谈论中被肯定的竞争的世界观的）中立性之间的某种知识论关联。因

---

[1] "Justice as Fairness: Political Not Metaphysical," p. 230.

[2] "the Idea of an Overlapping Consensus", *Oxford Journal of legal Studies*, VII (1987): 1-25, p. 6.

此重叠共识的稳定功能可以用认知的方式来解释，也就是说，能被解释为，公平的正义对于各种"整全的学说"保持中立这样一种假设的证实。我并不是说，罗尔斯接受了某些不允许他推导出这一结论的前提；我仅仅是说，罗尔斯之所以不愿意推定出这样的结论，是因为他给"政治的"这一特性加上了限制性条款，即正义理论不应当承担知识上的要求，其实践上可预期的效果也不应该依赖于其论断的理性可接受性（rational acceptability）。于是我们有理由问，为什么罗尔斯并不认为他的理论承诺具有真理的地位，并且如果不是在"真确的"意义上，那么他又是在什么意义上使用"合理的（reasonable）"这一谓语？

（2）在一种较弱的诠释中，那种正义理论无所谓真假的主张仅仅表达了这样一种无异议的观点，即规范陈述并不描述出道德事实的独立秩序。而在一种较强的诠释中，这一命题则具有一种价值怀疑主义的意义：在规范陈述的有效性要求背后，隐匿着某种纯粹主观性的东西，即以一种语法上误导的方式出现的情绪、期望或决定。但是，对于罗尔斯来说，道德实在论和价值怀疑主义两者是同样不可接受的。他试图给予规范陈述（以及整个正义理论）以一种奠基于有理由的主体间认知之上的理性义务的形式，却不给予这些规范陈述以知识论上的含义。为了这个缘故，他引进谓语"合理的"作为"真确的"的补足概念。这里的困难在于，确定在什么意义上一个概念被当作另一个概念的补足概念。似乎有两种可能的解释。要么我们在实践理性的意义上将"合理的"理解为"道德上真确的"的同义语,也就是说,它是一种类似于真理的合法性概念,与命题真理属于同一个类型。这种解读至少获得了一种论证的支持(a)。要么我们将"合理的"或多或少理解为在处理那些真理性尚未确定的、有争议的论点时所说的"值得考虑的"。在此,"合理的"作为一个更高阶(higher-level)谓语,与其说与论断的有效性相关,不如说更关涉到"合理分歧"、可错性的意识、个人的公民品行等。一般而论,罗尔斯更倾向于后一种解读(b)。

(a)罗尔斯首先将"合理的"作为道德人格的一个特性引进来。这样的一些人被认为是合理的:具有正义感,并因而愿意也能够考虑合作的公平条件,但同时又意识到知识的可错性——即承认所谓的"理性的负担(burdens of reason)"——也愿意公开地论证政治正义的观念。与此对照的是,当人们仅仅是谨慎地按照自身的善概念来指导行为时,就被认为仅仅是"理性的"。按照这些道德人格的特性,"合理的"东西能够得到很清楚的阐明。但是人格概念本身却预设了实践理性的概念。

最终罗尔斯借助于两个维度来解释实践理性的含义:一方面,是规范有效性的道义论维度(这个我将暂且不谈,因为它是没有问题的),另一方面,是公共领域和公共推理过程的实用主义维度(这个在当前的处境中有特殊意义)。公共运用在某种意义上对理性来说是内在的。公共性(publicity)是这样一种共同视角,在其中公民们通过更好的论证来相互说服什么是正义,什么是非正义的。这种理性的公共运用的视角首次赋予道德信念以客观性。罗尔斯称有效的规范陈述为客观的，他以理性的公共运用的程序主义方式来解释客观性，这种公共运用满足特定的反事实条件（counterfactual conditions）："政治信念（当然也是道德信念）是客观的——它实际上是建立在一种理性秩序（an order of reasons）之上的——如果合理的和理性的人（他们具有充分的理智并且充分自觉地实践他们的实践理性能力……）会最后认可这些信念……（假定这些人格了解那些相关事实，并对那些有利于恰当反思的条件下的相关根据有充分了解的话）。"（PL119）这一节罗尔斯补充说，只有基于普遍认可的正义观念的基础才是好的基础，而这种正义观念反过来又必须在相同的理想条件下获得赞同（PL137）。因此，罗尔斯的立场应当被理解为，理性之公共运用的程序是规范陈述的最终上诉法庭。

依据这种思考，谓语"合理的"可以被认为指的是对有效性要求的一种推论性补救。与一种抽掉了相关内涵的非语义学真理概念类似，我们可以正确地将"合理的"理解为规范陈述的有效性的谓语。对我来说，问题不在于罗尔斯对道德实在论的拒绝或相应的对规范陈述的语义学真理性谓语的拒绝，问题在于罗尔斯的确将这样一种真理性谓语赋予了世界观（整全学说）。由此，罗尔斯排除了利用"合理的/明智的（reasonable）"这一概念的认识论内涵的可能性，而如果要做出具有规范效力的主张，罗尔斯的正义概念必须具有这种认识论内涵。

（b）按照罗尔斯的观念，形而上学信条和宗教世界观是可以有真假的。因而当一种政治正义的观念不仅与这样的信条相容纳，并且从中推演出来的话，这种政治正义的观念可以是真的。然而从一种对世界观保持中立的政治哲学的立场看来，我们无法确定是否和何时已经事实上如此。从这种世俗性的立场看来，各种明智的世界观的真理要求都具有同等分量，只要这些世界观抱着反思的态度（也就是说，真理性主张只有通过更好的论证方式最终在公共交谈中取得优势地位）相互竞争，并因而被认为是合理的。"合理的整全学说"最终因其对论证负担的承认而得到区分，这使得抱有不同意识形态的群体暂时能接受一种"合理的分歧"作为其和平共处的基础。

既然关于形而上学和宗教性真理的争论在持久的多元主义条件下不能得到解决，就只能把这类反思意识的合理性作为有效性谓语让渡给与各种合理性学说相容纳的政治正义观念。通过这种让渡，一种合理的正义观念与延伸到将来的真理主张保留了一种间接的关系。但是正义观念出自其中的合理学说本身的真理性则是不确定的。按戈特弗里德·莱辛（Gottfried Lessing）所主张的，当一种正义的政治概念能够对那些并非不合理的世界观持宽容态度的时候，这个正义观念就是合理的。除此之外是理性的一种信仰行为："对一种正义的社会制度的真实可能性的合理信仰。"[1] 这种看法或许可以诉诸我们更

---

1 "The Idea of an Overlapping Consensus," p. 25.

好的直观，但是，首先它如何与罗尔斯接受权利优先于善的理由相协调呢？

正义问题或道德（moral）问题允许可证明的答案——可证明在此指的是理性的可接受性，因为从一种理想化的拓展了的视角来看，它们关涉的东西是所有人的平等利益所在。与此形成对照的是，伦理（ethical）问题并不允许这样一种公平的对待，因为伦理问题主要关涉的是从第一人称角度看来，对我或我们长远有益的东西——不管这些东西是否对所有人都同样有益。至少形而上学或宗教世界观渗透在基本伦理问题的答案之中：它们以一种示范性的方式阐明了群体的认同，并指导个体的生活计划。因此，世界观更多地由其所促成的生活模式的真诚性（authenticity）来衡量，而较少地由其所允许的陈述的真理性来衡量。正因为这样的学说是"整全的"（在其对作为整体的世界提供了解释的意义上），它们不能仅仅被理解为事实陈述的一个系列；它们的内容不能由允许真理性的句子完全表达出来，它们也不构成一个严格意义上或真或假的符号系统。因此，这种整全性学说至少在后形而上学的思想条件下出现，而"公平的正义"需要在其中得到证明。

然而这样一来，就不能使正义观念的有效性依赖于世界观的真理性了，不管这种正义观念是多么合理。相反，在这些前提下，有意义的是分析不同的有效性主张（我们将之分别与描述性、评价性和规范性陈述相连，同时独立于在对现实的宗教和形而上学解释中的有效性要求的复杂性）。

然而，为什么罗尔斯仍然认为，具有身份稳定作用的世界观要求真理的地位呢？一种可能的动机是这样一种信念：凡俗的、无根基的道德是不稳固的，道德信念必须植根于形而上学或宗教信条之中。无论如何，这种信念与罗尔斯提出重叠共识问题的方式是一致的：他将信仰自由和良心自由的制度化作为其典范，而这些自由则带来了现代宗教内战的终结。但是，如果宽容原则和信仰与良心自由的原则，没有以充分的理由诉诸独立于宗教和形而上学的道德有效性的话，它们能使宗教的冲突终结吗？

3. 私人自律和公共自律（private and public autonomy）

我在第一部分针对原初状态设计提出的异议，在第二部分针对将有效性问题等同于接受问题提出的异议，都是沿着同一个方向的。由于使得理性选择的参与者各从属于合理的程序约束条件，罗尔斯仍然依赖于实质性的规范假设；与此同时，通过重叠共识使普世的正义理论适合于政治稳定性问题，他牺牲了该理论的认识论地位（epistemic status）。这两个策略的代价是牺牲了一个严格的程序主义纲领。与此方法相对照的是，如果罗尔斯从理性的公共运用程序中发展出他的实质性概念和假设的话，他本来可以更好地满足证据负担的，这些证据负担是他那强的然而中立的道德人格概念招致的。

在我看来，在论证的公共运用这种社会本体论建构中，已经暗含了道德立场，这种道德立场包括参与者在理性交谈中"必须"接受的相互承认（mutual recognition）这种复杂关系（在一种弱的先验必然性意义上）。罗尔斯相信，在这样一种排他性的程序中发展起来的正义理论，不能被充分地建构起来。但既然我在道德理论和行为理论间做出了区分，我并不认为程序的特点会构成严重的阻碍：政治正义问题所关涉的交互行为的概念建构并不在道德理论的领域之内。同需要解决的行为冲突一起，为规范所调节的交互行为的整个概念框架被强加给我们——在这个概念网络中，人格和主体间关系，行为者和行为，合规范行为与失范行为，责任与自律，甚至交互主体间构成的道德情感等都能找到自己的位置。所有这些概念都需要先天分析。如果我们在程序的意义上（罗尔斯在他理性的公共运用概念中所暗示的）来采纳实践理性的概念的话，我们就能说，正是这些在理性交谈条件下获得主体间非强制性承认的原则是有效的。接下来更进一步的一个经验问题就是：在多元主义背景下，是否以及何时这些有效的原则会确保政治稳定。接下来，我只对这一程序主义纲领关涉到诠释宪政国家的意义时的系统实施感兴趣。

自由主义者强调"现代人的自由"：信仰和良心自由、生命安全、个人自由和财产自由——总之，强调的是主体私有权利的核心部分。相反，共和主义则捍卫"古代自由"：参与和协商的政治权利，这些权利使得公民履行自决成为可能。卢梭和康德都有从同一根源即道德和政治自律推演出这两个因素的抱负：自由权利不能仅仅作为强加于自决实践的外在约束，也不能被当作仅仅是一种实践的工具。罗尔斯也认同这种直觉；然而其理论的两阶段特征却促成了自由权利的优先性地位，而这则使得民主程序处于较低地位上。

罗尔斯当然是从政治自律的观念开始其理论的，并且在原初状态的水平上构造了这一观念：它表现在理性选择的参与者各方和确保判断公平性的框架条件之间的互动之中。但是这一观念只是在民主程序的制度层面上，有选择地与自由平等的公民的政治意志形成相关，这一观念也是从这一过程中借取而来的。政治自律在原初状态中具有虚拟存在的形式，因而在理论形成的第一阶段，在正义建构的社会中并没有充分显露出来。因为无知之幕越被撤除，罗尔斯的公民越变得有血有肉，公民们就愈清晰地看出自身从属于那些已经被预期的理论的原则和规范，因而事实上已经不由自主地被体制化了。这样，该理论剥夺了公民太多的洞见，这些洞见本来是他们一代代自己吸收更新的。从正义理论的视角看来，建立民主制度的行为不能在已经建构好的正义社会这一制度条件下重复，而实现基本权利体系的进程也不能由一个运行中的基础（ongoing basis）来保证。公民们不可能经历这一开放的、然而又未完成的进程，而这恰恰是变迁的历史处境所要求的。他们不能在其社会的市民生活中继续原初状态激进的民主余烬，因为从他们的视角看来，关于合法化（legitimation）的实质性交谈已经在理论的范围内完成了；他们发现理论的结果早就沉淀在制度之中。因为公民们不能将制度看作一种项目，理性的公共运用并不具有政治自律的当下实践那样的意义，而仅仅促进了非暴力维持的政治稳定。就算我的解读并没有反映出罗尔斯的真实意图，但如果我是对的话，则这种解读就揭示了该理论一个未曾预料到的后果。举例来说，这表现在公民的政治认同和非公共认同的严格界分之中。依据罗尔斯的观点，这一界分是由限定民主的自我立法和政治领域的基本自由权利来确定的。这一限定从开始即存在，也即（自由权利）优先于政治意志的形成。

　　罗尔斯在三种意义上使用"政治的"这一术语。到目前为止，我们已经熟悉其理论上的意义：当正义观念对冲突的世界观保持中立时，这种正义观念就是政治的而非形而上学的。进一步地，罗尔斯在通常的意义上使用"政治的"这个词对涉及公共利益的事物进行分类，使得政治哲学仅仅局限于对社会的制度框架和基本结构进行论证。这两种意义最终以一种有趣的方式包含在罗尔斯所谓的"政治价值"之中。这第三种意义上的"政治的"包括公民的共享信念和界定一种对象领域的视角。罗尔斯几乎以像马克斯·韦伯那样的新康德主义方式将政治价值领域看作被给予的，在现代社会中这些政治价值领域与其他文化领域相区别。不管这些政治价值是什么，只有在与政治价值相连的时候，罗尔斯才能将道德人格区分为公民的公共认同和由关于善概念所构成的私人的非公共认同。这两种认同又指明了两个领域，一种由政治参与和协商的权利构成，另一种则由基本的自由权利来捍卫。按照这种方式，私人领域的宪政保护享有优先性，而"政治自由的作用主要是工具性的，即维护其他自由"[1]。因此，关于政治价值领域，一个前政治的（prepolitical）自由领域被界分出来，这一领域独立于民主的自我立法范围之外。

但是，在私人和公共自律之间的这样一种先天界分，不仅与一种共和主义洞见相矛盾（这种洞见认为人民主权和人权都源自同一根源），而且也与历史经验不合：首先，从规范的角度看来，私人领域和公共领域之间那变动的界限从来都是一个问题。[2] 另外，福利国家的发展也表明公民的私人自律和公共自律之间的界限是变动的，因此，上述区分必须从属于公民的政治意志形成，如果公民对其自由的"公平价值"提出合法主张的话。

如果正义理论依据"法律调节"（罗尔斯只是偶尔地提到过）的标准来区别"政治的"的话，本来可以对上述处境有更好的理解。政治共同体的生活最终是通过实证的强制法律形式来合法地调节的（PL215）。因而基本的问题是：如果自由平等的公民们希望由实证的强制法这种合法的方式调节彼此的共存的话，他们必须相互授予什么样的权利？

依据康德的合法性概念，强制性法律只能处理公民人格之间的外部关系，因而强调了主体选择的自由，这些主体有权依

---

[1] "The Basic Liberties and Their Priority," p.13.
[2] Benhabib, "Models of Public Space," in *Situating the Self* (New York: Routledge, 1992), pp. 89-120.

据自己的善概念做出选择。因而，一方面，现代法律以主体的行动自由来建构法律主体的身份，这些自由能够由主体依照自己的偏爱来实践。因为必须可能基于道德理由遵从法律秩序，私人法律主体的身份可以被平等的主体自由这种权利合法地规定。另一方面，实证法这种强制手段需要一个政治上的立法者，在此立法的合法性由民主程序来负责，而这种民主程序则保证了公民的自律。只有公民们能够将自身视为法律的制定者的时候（作为个体他们又遵从这些法律），他们才能说是政治上自律的。

私人自律和公共自律的辩证关系由于下述事实而显明了：只有通过强制法律的形式，具有立法资格的民主公民的身份才能被制度化。但是因为强制法律指导的是这样的一些公民人格——如果没有主体的私人权利，他们都不能具有法律主体的身份，所以公民的私人自律和公共自律彼此相互设定。正如我们所看到的，两者都被编织在实证的强制法律的概念之中：如果没有能够确保法律主体的私人自律的主体行动自由的话，就根本没有法律；如果没有公民们共同的民主立法的话（自由平等的公民有权利参与这一程序），也就没有正当的法律。一旦法律的概念以这种方式被澄清，这一问题也变得清楚了：基本自由权利的规范本质早已包含在这一手段（民主）之中，这种手段对于主权公民的理性公共运用的法律制度化是必不可少的。进一步分析的主要目标是交往假设（communicative presuppositions）和意见与意志形成的程序，在这一程序中理性的公共运用将显现出来。在当前的文本中我不能更细致地探讨这一替代方案。

这种程序性的道德和法律理论比起罗尔斯的理论来说，或多或少要更谦逊一些。说它更谦逊一些，是因为它仅仅关注理性公共运用的程序方面，并从权利的法律制度化中获得权利体系。它使更多的问题处于开放之中，因为它更多依赖于理性意见和意志形成的程序。正如罗尔斯的观念一样，哲学承担着不同的理论负担，当它要求构筑一个正义社会的理念的时候（而公民们则以该理念为平台来判断既定的制度和政策）。相反，我主张，哲学应当将自身仅仅限定于澄清道德立场和民主合法化的程序，限定于分析理性交谈和协商的条件。在这种更为谦逊的角色中，哲学不必采用一种建构性的方式，而可以采用一种重构的方式。它将那些必须不断回答的实质性问题留给了参与者或多或少已启蒙了的参与本身，而这也并不意味着哲学家将不参与公共论争，只是不以专家的角色，而是以知识人的角色。

罗尔斯坚持一种不同的谦逊。他想扩展"规避的方法"，这种哲学意图是努力在政治正义的问题上达成重叠共识。他试图将政治哲学发展为一门更严格的学科，从而回避关于那些更一般的容易引起争议的问题。正如从展现在我们眼前的精彩例子中可以看到的，这种规避的策略可以促成一种给人印象深刻的独立理论。但是，就是罗尔斯也不能以一种无前提的方式发展他的理论，虽然他想这么做。正如我们已经看到的，他的"政治建构主义"将他不情愿地卷入了有关理性和真理的争吵之中。他的人格概念也逾越了政治哲学的界限。这些以及其他的基本理论规定使他卷入了许多长期仍没有得到解决的争论中。然而，在我看来，主题本身使得这种对邻近领域的僭越和侵犯往往是不可避免的，甚至有时是富于成果的。

概要

哈贝马斯的质疑：

1. 在原初状态中道德被程序化的问题：a) rational-egoism 不能获得互惠立场；b) 罗尔斯式的正义范式导致权利（道义论概念）被当作基本善（功利主义概念）；c) 无知之幕多此一举：揭示无知之幕的时候，面对多元主义事实的挑战。

2. a) 罗尔斯后期的作为道德人格的公民概念对世界观的中立问题上，重叠共识的角色：重叠共识具有认识论意义，还是仅仅是功能性的赞同？若前者，则中立需要承担知识上的要求；b) 谓词 reasonable 的意义：reasonable 具有认识论含义（理性的公共运用具有客观性）抑或 reasonable 表示一种反思态度，其真理性是不确定的。（这里哈贝马斯附带地攻击了世界观的真理性的观念，而代之以真诚性 [authenticity] 观念。）

3. 罗尔斯的理论使得自由权利优先于民主（政治意志）的形成，私人自律先于公共自律，因此在协调古代自由和现代自由时失败了。哈贝马斯提供了一个替代的程序主义的方案：在交往伦理中，中心转移到法律，而法律主体的私人自律和公共自律携手。

谢夫勒：德里克·帕菲特《论真正重要之事》导言

文 / 萨缪尔·谢夫勒（Samuel Scheffler）　　译 / 江绪林

帕菲特的《论真正重要之事》(On What Matters) 经历十多年的草稿流传终于在 2011 年由牛津大学出版社出版。著名学者布兰德·胡克（Brad Hooker）和彼得·辛格（Peter Singer）已经欢呼该书为自 1874 年西季维克《伦理学方法》以来最重要的著作，而这期间的竞争者包括尼采、王尔德、摩尔、罗斯、罗尔斯、麦金太尔、威廉斯、斯坎伦等人。帕菲特是 1942 年在中国出生的英国人。该书英文版上下两卷长达 1400 多页，Samuel Scheffler 为该书写的导言清晰地介绍了该书的内容和意义。

在这部充满论证而又极为原创的著作中，德里克·帕菲特（Derek Parfit）讨论了实践哲学中的一些最基本的问题。这部书分为两卷，每一卷又各自包含三个部分。由第二部分和第三部分构成的核心章节探讨的是实质性道德（substantive morality）的问题。这些章节源自 2002 年 10 月帕菲特在加州大学伯克利分校所作的三次特纳讲座（Tanner Lectures）。在第一部分和第六部分中，帕菲特探讨了伯克利讲座没有涵盖的内容。第一部分是对理由（reasons）和合理性（rationality）的一个展开讨论，为第二部分和第三部分的道德主张提供了背景。第六部分讨论了元规范（meta-normative）问题，而这些元规范问题是我们在提出有关理由和合理性的主张时对规范语言的使用所引出来的。

在第四部分中，帕菲特的伯克利特纳讲座的三位评论人——托马斯·斯坎伦（Thomas Scanlon）、苏珊·沃尔夫（Susan Wolf）和艾伦·伍德（Allen Wood）——提供了修订后的评论。另外，芭芭拉·赫尔曼（Barbara Herman）虽然不是帕菲特的特纳讲座的参与者，也特意写了一组评论并被收入书中。帕菲特在第五部分对所有这些评论做了回应。帕菲特与评论人之间的互动主要涉及源自伯克利讲座的那些章节。

在论述道德的章节中，帕菲特试图重新划定道德哲学的版图。修读道德哲学课程的初学者一般会被告知，在后果主义者与康德主义者之间存在一个基本的分歧：后果主义者相信行为的正当性（rightness）单单是其总体后果的一个函数；而常常诉诸某种形式的绝对命令（the categorical imperative）的康德主义者则争辩说，有一些义务是我们必须履行的，不管这样做是否会产生后果主义所谓的最优结果。虽然后果主义和康德主义都允许诸多的变体和修正，但大多数哲学家（包括大多数后果主义者和康德主义者）还是理所当然地预设：两者之间的分歧是深刻而基本的。

帕菲特在本书第二部分和第三部分的首要目的就是要削弱上述预设，并论证说：在这两个我们惯于看作敌对的立场之间，存在着惊人的趋同性（convergence）。帕菲特开始于对康德自己的道德哲学的持续而具穿透力的检查，包括绝对命令的诸公式以及康德其他关键的道德观点。虽然康德的伦理学著作，尤其《道德形而上学基础》，是道德哲学史上得到最广泛讨论的文本之一，帕菲特对这些文本的研究仍然引出新颖的观察和洞见。

从本书的序言中就可以看出，帕菲特对康德的态度是复杂的，不易做简单的概括。帕菲特认为康德是"从古希腊以来最伟大的道德哲学家"（Parfit, Derek, *On What Matters*, Oxford University Press, 2011, p. 235，下引本书只注明页码），还说

"在仅仅四十页纸绽放的烟火[1]中,比起几个世纪所有的哲学家来,康德给了我们更新、更丰富的思想"(p. 183)。然而,帕菲特又迅速补充说,"在那些使得康德能取得如此成就的品质中,其中之一就是不一致性(inconsistency)"(p. 183)。许多研究者明确地将自己视作康德的批评者或辩护者,而帕菲特的路径则并不如此。帕菲特将康德的文本当作主张、论证和观点的一个丰富矿藏,所有这些都值得像对待一个卓越的当代思想家的思想一样认真对待,但许多论点也需要澄清或修正,有一些则完全不现实。帕菲特大范围地检查了这些主张、论证和观点,而他的检查以精确的对焦和分析强度著称。他的首要目标既不是为康德辩护也不是批评康德,而是确定康德的哪些观点可以被我们用来推进道德哲学。最终,进步是帕菲特的真正目的。正如他在解释为何康德的一个公式应该被修正时所说:"从伟大的哲人的作品中学习,我们应该努力取得更多的进步。站在巨人的肩膀上,我们应该能够看得更远。"(p. 300)

帕菲特确认了康德思想中的几个因素,他认为这些因素特别重要并打算赞同,条件是得做出相当的修正和补充。不过,在解释这些观点的内容和含义的时候,帕菲特常常与其他主要的康德诠释者存在分歧。这或许最明显地表现在他对绝对命令的"普遍法则公式(Formula of Universal Law)"的处理上。正如帕菲特观察到的,绝对命令的这一公式遭受到诸多严厉的

---

[1] 指康德《道德形而上学基础》一书。——译注

反对，以至于许多甚至同情的诠释者都得出结论说，作为能区别对错的行为指导原则，这一公式没有什么价值。许多重要的康德研究者都认为绝对命令的其他公式更丰富，更有启发性。

相反，帕菲特则在普遍法则公式中看到了巨大的潜力。与主流的诠释相反，他坚持认为普遍法则公式（FUL）"是可行的"，而且"经过某种完全康德式的修正后，是惊人地成功的"（p. 294）。实际上，帕菲特走得如此之远，他甚至说，该公式的一个恰当的修正版"可能是康德宣称要发现的东西：道德的最高原则"（p. 342）。

帕菲特所喜欢的普遍法则的修正版是这样陈述的："每个人都应该遵循这样的原则，该原则的普遍接受是每个人能够合理地意愿的。"由于诉诸普遍选择或同意，这一公式可称为契约主义（contractualism）的一种形式，而帕菲特则称之为"康德的契约主义公式"。这样诠释后，这一康德立场就需要与当代的契约主义相比较，尤其是那些受到康德启发的契约主义。约翰·罗尔斯对无知之幕后会被选择的原则的诉求就是一个例子，虽然罗尔斯使用无知之幕的契约工具几乎完全是为了选择适用于社会基本结构的正义原则。罗尔斯从来没有继续那个他在《正义论》中简要提及的观念，即同样的契约工具或许可以用来选择更一般的道德原则。帕菲特将罗尔斯提及的观念付诸严格的检查，并得出结论说，作为一种道德理论的契约论最有希望的版本是由托马斯·斯坎伦提出的。

如帕菲特所述，"斯坎伦公式"认为"每个人都应该遵循那些没有人能够合理地拒绝的原则"。帕菲特论证说，至少按照某些诠释，斯坎伦的契约主义与康德的契约主义是一致的，因为，那些每一个人都能合理地意愿其普遍接受的原则实际上也就是那些没有人能够合理地拒绝的原则。这两种形式的契约主义之间趋同的可能性并不特别让人惊讶，不过帕菲特和斯坎伦在这种趋同的精确范围上则有分歧。但更惊人的却是帕菲特对契约主义与后果主义的关系的看法。

如我已提及的，康德主义和后果主义之间的对立一般被认为是深刻而基本的，而且罗尔斯和斯坎伦的当代契约主义在很大程度上就是为了提供后果主义的有说服力的替代物这一动机所促成的。然而，帕菲特争论说，康德的契约主义实际上蕴含着一种"规则后果主义"，即这样一种主张："每个人都应该遵循这样的原则，该原则的普遍接受能够导致最好结果。"帕菲特认为，那些每一个人都能合理地意愿其普遍接受的原则实际上也就是那些没有人能够合理地拒绝的原则，恰恰就是那些会产生最优结果的（optimific）规则后果主义的原则。由此，康德的契约主义与规则后果主义可以合在一起形成一种康德式的规则后果主义（Kantian Rule Consequentialism）的立场："每个人都应该遵循会产生最优结果的原则，因为只有这些原则才是每个人能合理地意愿其成为普遍法则的原则。"（p. 411）虽然这一立场就关于人们应该遵循的原则所主张的内容而言是后果主义的，在论述我们应该遵循这些原则的原因时却更是康德主义的。我们应该遵循它们是因为这些原则的普遍接受是每个人都能合理地意愿的,而不是因为——像后果主义者所言的——真正重要的是应该有最好的结果。

既然康德的契约主义蕴含着规则后果主义,而且某些版本的康德契约主义与某些版本的斯坎伦契约主义是一致的,这三种立场就可以被结合在一起。相应的"三合一理论(triple theory)"主张:"一个行为是错的,当这样的行为被某些原则所驳回的时候,而这些原则是能产生最优结果的、唯一普遍地被意愿的、不能被合理地拒绝的原则。"(p. 413)帕菲特相信,这些诸多的趋同性的结果就是,认为在康德主义者、契约主义者和后果主义者之间存在深刻的分歧的看法是错的。相反,"他们在不同的侧面攀爬同一座山峰"(p. 419)。

在发展其主要论证的时候,帕菲特非常依赖于有理由和合理性的实质性主张。他所讨论的理论都就人们希望或做各种事情的理由以及个体行为被认为是理性的(reasonable)或合乎理性的条件提出了一些主张。因此,帕菲特对这些理论的评价很大程度上也就是对这些理论有关理由和合理性的主张的评价。但关于理由和合理性的主张很难说比有关对错的主张更少争议。认识到这一点,在论述道德的章节之先,帕菲特以对理由和合理性的一个详细阐述和对自己看法的辩护作为前奏。

许多哲学家相信,我们行动的理由都是由我们的愿望(desire)所提供的。我们最有理由去做那些将最能实现我们既定的愿望或理想条件下将有的愿望的事情。虽然这些被帕菲特界定为"主观理论"的基于愿望的观点(desire–based views)

在哲学内外都有极大影响，帕菲特相信这些观点都是误入歧途的，并对之进行了毫不留情的批评。帕菲特争论说，这些论点不仅会有完全不合情理的含义，而且最终是"奠基在沙土之上"。它们意味着：我们的理由从那些我们毫无理由具有的愿望中获得规范力量；然而，这样的愿望自身并不能为我们提供任何理由。最终，基于愿望的论点的含义就是：我们的行为根本就没有理由，而且，更进一步，就我们没有理由关心那些我们确实关心的事情而言，没有什么事情是真正重要的。

通过拒绝这些阴郁的论点，帕菲特争论说，我们应该接受一种客观的、基于价值的（value-based）理论。在这种理论中，行为的理由是由行为将会实现的价值提供的（或者用帕菲特的话，由那些使得某些事情因其自身而值得做或那些使得某些结果为好或为坏的事实提供的）。在这种理解中，关于理由的判断（judgments about reasons）比关于合理性的判断（judgments about rationality）更为基本，因为按照帕菲特的观点：当我们对理由或明显的理由有回应的时候，我们就是合乎理性的（rational）；当我们做我们有很好的理由去做的事情的时候（假设我们的信念为真），我们的行为就是合乎理性的。这一论点与一系列流行的实践合理性的解释形成对照，譬如那些将合理性等同于预期效用最大化的论点，或将实践非理性（practical irrationality）等同于不一致性的论点。

正如托马斯·斯坎伦在其回应中所言，理由优先于合理性的论点与康德的论点有冲突。对于康德来说，绝对命令的权威和内容都应该在与理性能动性（rational agency）的要求之关联中，而不是与人们所具有的某些独立的理由概念之关联中得到理解。斯坎伦这样来描述他所谓的"关于理由的康德建构主义"："关于理由（更精确地，关于人们必须看作理由的事情）的主张必须基于关于理性能动性的主张，基于将自己看作理性行为者的人能够采取的态度上的主张。证成（justification）绝不能沿着相反的方向进行，即从关于理由的主张到达关于合理性之要求的主张。"（II, p.118）

帕菲特像斯坎伦一样拒绝了关于理由的康德建构主义，并且，像斯坎伦所指出的，帕菲特试图证明存在趋同性的所有道德理论都以这样一种方式构成，即"诉诸'人可以合乎理性地意愿的事物'的观念，而这一观念则预设了人可具有的、可独立理解的理由及其相对力量的概念"（II, p.118）。这一点使得这些理论区别于康德自己的观点，也区别于一些著名的当代康德主义者的观点，譬如克里斯蒂娜·科尔斯戈德（Christine Korsgaard）。正如帕菲特所承认的，他对一个原初的、不能定义的"理由"概念的依赖，以及相应的他对不能化约的规范真理的存在的承诺使得他的观点是科尔斯戈德所言的"独断论的理性主义（dogmatic rationalism）"的某个版本。这样，它不但会被像科尔斯戈德那样的康德建构主义者拒绝，也会被一些非常不同的元伦理立场的拥护者拒绝，诸如各种形式的自然主义（naturalism）和非认知主义（non-cognitivism）。

因此，在第六部分中帕菲特致力于解释和辩护他的规范性（normativity）概念。他赞同一种他称之为"非形而上学的、非自然主义的认知主义"的观点，这种观点诉诸我们据说拥有的，关于不可化约的规范真理的直觉信念。这种观点不是柏拉图主义的，因为后者主张实在的非时空性。它对直觉的依赖也不意味着规范的事实是通过一种类似于感官知觉的心智能力（mental faculty）来理解的。我们并不像受某种原因影响的结果一样察觉到诸如正当性（rightness）或规范性等规范属性的存在。相反，我们理解规范真理犹如我们理解数学或逻辑真理一样。实际上，帕菲特争论说，数学和逻辑推理自身就涉及对我们有理由相信的事情的规范真理的承认和回应。举个例子，我们承认，p为真和命题"如果p则q"为真给予我们决定性的理由去相信q为真。帕菲特坚持说，正如有我们有理由相信的事情的真理，也有我们有理由去做的事情的真理。

帕菲特当然意识得到，许多哲学家并不接受不可化约的规范真理的存在。虚无主义者和谬误理论主义者（error theorists，以约翰·麦基[John Mackie]为代表，认为日常思想都被错误的理论所感染而陷入谬误之中）认为一切规范主张都是错误的。自然主义者认为规范事实都能被还原为自然事实。非认知主义者认为：虽然在人类生活中具有重要性，规范主张根本就不像事实陈述那样发挥作用。帕菲特讨论和批评了这些立场中许多有影响的类型，包括如下人的观点：西门·布莱克本（Simon Blackburn），理查德·勃兰特（Richard Brandt），艾伦·吉伯德（Allan Gibbard），理查德·黑尔（Richard Hare），约翰·麦基和伯纳德·威廉斯（Bernard Williams）。帕菲特争论说，这些观点没有一种能恰当地解释我们思想的规范维度；在所有这些论点中，规范性都被认为是一种幻觉。规范完全消失了。实际上，帕菲特似乎相信所有这些论点都倾向于虚无主义，虚无主义是对不可化约的规范真理的承认的唯一真正的替代物。帕菲特也没有被科尔斯戈德对规范的实在论的康德式的反驳所说服。与科尔斯戈德相反，帕菲特宣称：规范性的源泉并不在于意志，而在于有关我们有理由去相信、去意愿、去做的事的不可化约的规范真理的存在。

很明显的是，帕菲特讨论理由和合理性的目的与讨论实质性道德理论时的目的是很不同的。在讨论道德理论时，他的目的是要证明一些被预设为彼此冲突的理论实际上是收敛的或趋同的，因此它们之间显然的分歧就消失不见了。而在讨论关于理由和合理性的不同观点时，竞争性理论之间的趋同性并不是设定的议程。相反，帕菲特争论说，我们应该接受基于价值的理由理论，拒绝基于愿望的理由理论。类似地，他的认知主义，而不是各种自然主义或非认知主义，应该被接受。显然，帕菲特很担心实质性道德上的分歧，因为他认为那会侵蚀我们对道德真理存在的信念。这就是帕菲特被强烈地驱动着去证明竞争性道德理论之间的趋同的可能性的原因。虽然帕菲特也忧心于元伦理或元规范上的分歧，他对此的反应是不一样的。在此他仅仅试图决定竞争性的立场中哪一种是正确的。然而，因为帕菲特试图证明存在趋同性的各种实质性道德都预设了他关于理由和合理性的论点，在理由和合理性上的诸论点之间明显的竞争性使得帕菲特在实质性道德层面描述的趋同性的重要性陷入疑问之中。那些拒绝基于价值的理由理论以及那些接受某种自然主义或非认知主义或建构主义的人，或许不会为帕菲特的道德共识所动，因为这种共识依赖于接受他们所拒绝的元伦理观点。所以帕菲特面临的一个挑战就是证明：他所辩护的趋同性的重要性并没有被他对有关理由和合理性的主张所削弱，而在这些主张上却不存在趋同性。虽然帕菲特并没有直接回应这个挑战，他确实争论说，那些拒绝他在理由和合理性上所持观点的人并不总是完全理解了他的观点。帕菲特还表达了这样的希望：一旦消除了有关的误解，更多的哲学家会接受他的观点。如果这是对的，那么就算有关理由和合理性的竞争性理论自身并不趋同或收敛，也有理由希望在哲学家对于它们的评价上会存在更多的趋同性。当然，这个建议本身也是有争议的。

针对帕菲特精致绵密的论证，也可以提出许多其他的问题。四位评论人从不同角度讨论的一个问题就是：帕菲特试图证明存在趋同性的那些观点在何种程度上是那些更熟悉的道德观点的可靠的理解。在何种程度上康德契约主义是真正康德的？我们已经看到，合理性与理由之关系的观点更多地是帕菲特的而不是康德的。类似的问题也可以针对其他显然趋同的立场提出。在何种程度上斯坎伦契约主义反映了斯坎伦自己的论点？帕菲特的规则后果主义与其他的后果主义公式之间的关系是什么？

这是一个棘手的问题。正如斯坎伦所注意到的，在发展一种康德主义的立场的时候，帕菲特很坦率地表明他愿意离开康德实际的论点，当他认为他能够做出改进的时候。帕菲特说："我们询问康德的公式是否能帮助我们决定哪种行为是错的，有助于解释为何这些行为是错的。当我们能够以一种亟需的方式修正这些公式时，我们是在发展一种康德式的道德理论。"（p.298）在答复斯坎伦的时候，帕菲特对于如下事实也很坦率：他关于康德规则契约主义和斯坎伦契约主义的趋同性的论证"并不适用于斯坎伦著作中陈述的立场"（II, p. 244），而是适用于帕菲特以可以加强它的方式修正后的斯坎伦的论点。

这种不辩解的修正主义使得帕菲特承受了两个风险。第一个是斯坎伦已经提及的，那就是，帕菲特能够证明的趋同性的让人惊讶和重要性可能依赖于这些趋同的理论与它们的创始人的距离。以背离原始形式的方式修改得越多，则它们的趋同性就越不让人惊讶，重要性也就越低。第二个风险就是，在修改原始理论以使它们彼此相近的时候，原始理论中有价值的因素可能也被排除掉了。

苏珊·沃尔夫对帕菲特的趋同论抱有上述两种质疑。对于帕菲特调和康德主义、后果主义和契约主义三种传统的抱负，她说："以上引述的评论建议说：这些不同传统强调的价值能以这样一种方式诠释或排序以至于消除它们之间的张力，或者接受那些会使得与其敌手相互和解的修改和限制是符合这些传统最伟大的诠释者的精神的。当帕菲特做出这样的建议的时候，他背离了他所讨论的任何一个哲人的明确立场，而且这种背离在我看来是以一种诠释上不合情理、在规范上让人遗憾的方式发生的。"(II, p. 32)沃尔夫的论点是：康德主义、后果主义和契约主义传统体现了不同的评价视角，每一种都做出了重要的贡献，但彼此确实处于真实的紧张之中。这些张力反映了我们的道德思想内部自身更广泛的张力。因此，沃尔夫相信，这些张力是不可消除的，但这也不是一件让人遗憾的事情。任何帕菲特所追求的统一性原则将不得不是一种妥协而不是完全的趋同，并且这样的原则最终将遗漏有价值的因素。就后一点沃尔夫特别提及了帕菲特版本的康德主义，她认为帕菲特版本忽略了康德道德哲学中自律的重要性。

芭芭拉·赫尔曼也相信帕菲特的立场以某些基本的方式背离了康德的立场。不过，当沃尔夫怀疑道德依赖于某种帕菲特所寻求的统一原则这一观念的时候，赫尔曼却同情康德自己的整全论述，并且相信帕菲特的理论是迥异因素的不稳定的混杂。具体地说，赫尔曼争辩，帕菲特采取了某种杂交的方法论，这种方法论虽然包含了一些康德主义因素却仍然有"很强的后果主义色彩"(II, p. 81)。虽然帕菲特的意图是保留康德论点中最有说服力的因素而避免其论点的某些明显不受欢迎的含义，赫尔曼却相信，在康德主义和后果主义的方法论中有深深的裂缝，以至于任何试图综合两者的企图最终将扭曲康德自己的论述并且使得其最有价值的因素隐晦不明。在她的评论的第一个片段，赫尔曼辨认了帕菲特方法论中她认为具有强烈后果主义色彩的几个因素,她还举例说明了作为结果出现的在帕菲特与康德之间的方法论分歧。或许最基本的分歧是这样的:赫尔曼说,当帕菲特诉诸各种非道德的利益(non-moral goods)来确定人们能够理性地意愿之事并确定道德自身的内容时,康德则试图在独立确定的道德框架内为非道德的利益保留一个位置。在随后的评论中,赫尔曼试图论证说,经过恰当发展的整全的康德路径有足够的资源吸纳某些康德似乎忽略了的最重要的道德洞见,譬如那些与可允许的谎言相关的洞见。如果这是正确的,则需求一种混杂的道德方法论的动机的大部分就消失了。在回应中,帕菲特并没有直接论及赫尔曼以这种方式发展一种整全的康德主义观点的富有教益的企图。相反,帕菲特驳斥了赫尔曼有关他和康德的方法论之间存在错配的观点。帕菲特声称,绝大多数赫尔曼引述的他的方法论中的后果主义因素也是康德观点的特征。并且,虽然他确实建议对康德的普遍法则公式做出修改,有些修改完全符合康德观点的精神,而另一些则是避免简单的错误所必需的。因此,帕菲特相信,他自己的论点和康德的论点之间的裂缝远远比赫尔曼所断言的要窄得多,也浅得多。

像赫尔曼一样,艾伦·伍德也争论说帕菲特的哲学方法论以重要的方式背离了康德的方法,不过伍德就强调了帕菲特路径中不同的维度。伍德相信帕菲特采纳了一种源自西季威克的方法,这种方法给自己设定的目标是提供一种"科学的"伦理。这里的观念是:将我们常识的道德信念予以系统化,如果必要的话还予以调整，目标是达到一系列精确的原则，在任何可设想的处境中这些原则能够以一种演算的方式产生确定的道德裁决来指导行为何去何从。伍德相信，那些彼此分歧甚大的哲学家如康德、边沁和密尔就采纳了一种非常不同的方法，而这种方法伍德认为要优于他归之于西季威克和帕菲特的方法。这一替代的方法不是开始于常识的洞见，而是开始于那些陈述基本价值的根本原则。随后，一般的道德规则或义务以一种非演绎的方式从这些根本原则中抽取出来。这些规则或义务代表着一种在人类生活条件下诠释基本价值的含义的企图。这些规则或义务自身允许例外，也要求诠释，它们对具体个案的适用需要判断力的运用，而不能以精确规则或原则的方式编为法典。因此，一方面，伍德理解的康德方法较西季威克方法给予了常识的道德洞见较少的分量；但另一方面，它又认为那种建构能提供道德决策算术系统的科学的伦理的企图是没有希望的。

伍德相信，上述的方法分歧就存在于帕菲特与他关于康德的人性公式（Kant's Formula of Humanity）的解释分歧的背后——不过帕菲特的回应表明他并不接受伍德的诊断。伍德认为上述分歧也存在于他们对一种熟悉的哲学论证方法的迥异态度的背后。这种论证方法将我们的直觉反应予以风格化（stylized），有时候使用复杂的虚构例子来测试候选的道德原则。不管是否涉及实际的有轨电车，伍德将所有这样的例子当作"有轨电车难题（trolley problems）"，这是为了对首先将这一案例引入哲学文献的菲利帕·富特（Philippa Foot）表示一种诙谐的敬意。在建构自己的论证的时候,帕菲特常常使用这样的例子。譬如,他对康德契约主义和规则后果主义的趋同的论证就通向这样的一些主张:在一个处境中,一种行为会给本人施加负担,而唯一的替代方案则会给别人施加负担,则这个人会合乎理性地同意做什么。帕菲特列举了一系列的虚拟例子来澄清和辩护那些主张,这些例子涉及在不同的虚拟处境中不同大小和类型的负担。在这些例子中他试图整理出我们的直觉反应,来表明:(1)每个人都能够合乎理性地意愿后果上带来最优结局的原则的普遍接受,哪怕这些原则会对他自己施加某些负担;(2)没有其他原则的普遍接受是每个人都能够合乎理性地选择的。帕菲特显然相信对虚拟例子的使用有助于澄清那些在复杂的道德选择中至关重要的问题,能使我们在道德论证中取得进展。相反,伍德认为"有轨电车难题"这样的虚构例子"在道德哲学中不仅仅是无用,而且还有坏处"(II, p. 68),而他文章的大部分都是对这种方法的批评,在这种方法中,"有轨电车难题"让道德哲学误入歧途。

如果其他人赞同伍德对在道德哲学中诉诸虚构例子的方法的保留,帕菲特对这些例子的广泛依赖或许构成拒绝其论证的一个理由。当然,就是那些并不认同伍德对虚构例子方法的极端排斥的做法的人或许也发现自己不同意在一些特定例子中帕菲特的反应,不过帕菲特预料到诸多潜在的反对意见,并且展现了丰富的策略来提前拆解这些异议。帕菲特指出,我们对有些个案的回应会依赖于我们是接受基于愿望的理由理论还是接受基于价值的理由理论。既然他希望使用我们的回应来支持他的不同道德理论间的趋同论主张，这种变动代表了一种方式，在其中有关理由和合理性的分歧（就如关于规范判断的本质的元伦理分歧一样）会威胁到帕菲特试图建立的道德共识的稳定性。如我已指出的，帕菲特对这个威胁的回应不是寻求竞争的元伦理理论或有关理由和合理性理论之间的趋同性。相反，他争辩说，有决定性的理由拒绝所有那些试图取代"非形而上学的、非自然主义的认知主义"和基于价值的理由理论的替代物。帕菲特将趋同的希望寄托在这样的可能性之上：哲学家们最终将接受他所赞同的认知主义的和基于价值的立场。这是消除分歧或至少使其不再尖锐的一种不同方法：证明只有一种立场我们可以合乎理性地接受。

不管是通过建立理论间的趋同还是决定性地论证对手方案的不恰当，消除分歧的激情是帕菲特著作的一个关键特征。这一激情有时候表现为一种紧迫感。在回应苏珊·沃尔夫的时候，这种紧迫感表现了出来。沃尔夫认为帕菲特试图显示"只存在一种真正的道德，这一道德具体表现为某个单一的最高原则，而各种道德传统都以它们各自的不完美的方式探寻这一最高原则"（II, p. 32）。相反，沃尔夫自己则认为，如果最终表明道德并没有这样一个统一的原则，"那也不是一个道德悲剧"（II, P. 33）。在回应的时候，帕菲特赞同说，如果没有单一的最高原则，那确实并不是一个悲剧。不过，他又补充说："如果没有单一的真正道德，那就确实是一个悲剧。"帕菲特说：

"如果我们不能解决我们之间的分歧,这可能会让我们怀疑是否存在任何真正的道德原则。既然道德可能是一个幻觉,那么道德最终会是什么就没什么关系了。"(II, p. 151)或许,正是这种阴郁的可能图景,或没有什么事情是真正重要的这种更阴郁的可能图景(这是帕菲特所担心的),促成了帕菲特致力于消除分歧时的紧迫感。不管一个人是否同意帕菲特对由深刻分歧所带来的威胁的判断,没有人会不讶异于帕菲特追求其目标时卓绝的原创性和纯粹的理智强度。他丰富而有挑战性的讨论(这为他与芭芭拉·赫尔曼、托马斯·斯坎伦、苏珊·沃尔夫和艾伦·伍德的互动所显明),以新鲜而奇异的方式铸改了熟悉的论题,开启了哲学探究的许多果实累累的新路线。没有一个对道德、合理性或规范理论感兴趣的人会愿意错过这部卓越的、发人深思的、论证绵密的著作。

跋：追忆与启迪

江绪林博士告别仪式上的悼词

文 / 刘擎

今天我们聚集在这里，为江绪林老师送别。我们如何来凭吊这样一个生命？他的存在与离别都如此独特，以至于我难以写下一篇规范工整的悼文。这是我不擅长的，对绪林也未必适合。如果这份悼词带有许多个人的感触，而未能代表一个群体的心声，请原谅和容忍我。

绪林短暂的一生不同寻常。他在1975年2月出生，五岁时母亲不幸病故，十二岁时又失去了父亲。此后靠姐姐含辛茹苦地抚养他长大。坎坷而清贫的早年没有埋没他求知好学的禀赋，绪林从湖北红安的乡村走进北京，先后就读中国人民大学和北京大学，后来在香港浸会大学获得哲学博士学位。绪林是这个多难家庭的荣光，他对姐姐怀有难以表达的深厚感情。他对姐姐言语不多、时而辞不达意，甚至许多年没有回家探望。但他一直给姐姐寄钱，还为姐姐在县城买了房子，尽己所能报答养育之恩。姐姐，在此请接受我们深深的敬意，请您节哀，保重身体。您能过得好一些，是绪林由衷的心愿。

2009年绪林进入华东师大政治学系任教。当时我在历史系工作。2010年秋天，绪林走进我的教室，旁听我给硕士生开设的《西方思想经典研读》课程。我知道绪林有很好的学术训练，而且已经在《中国社会科学》上发表了论文。他来听课实际上对我有不小的压力。我几次对他说，要是觉得没有收获完全不必浪费时间。整整一个学期，他只缺席过一次，还发短信给我"请假"。我们在课间聊天，也经常在下课之后一起去食堂午餐。交谈之中渐渐熟知起来，就此结下了友谊。

2013年夏季，我和几位同事一起调入政治学系，绪林很高兴有了更多研究政治思想史的同行。政治学系的同事们与绪林的交往深浅不一，但都了解绪林与众不同的性情与风格。他专注于学问和思考，潜心阅读大量经典著作，同时也认真对待同行的研究，他的评论总是中肯而富有洞见。他热爱教学，对学生倾注了巨大的关怀和心血，也赢得了同学们深切的敬意与爱戴。而绪林对学术发表有着极为严苛的标准，以至于不管我们多少人劝说他发表著作、申请课题、尽快晋升副教授，都徒劳无功甚至显得庸俗。同时，大家也开始担心他时而流露的忧郁情绪。半年之后，我接任政治学系主任的工作。但我从未以这个身份与绪林相处，这对我们来说是格外别扭的。绪林说"我以前就把你看成兄长，以后也一样"，这使我释然，也让我铭记。我对他唯一的要求就是开朗起来，振作起来，"只要你阳光一点，怎么开心就怎么来"，如果要"求上进"提职称，我们大家一起来帮着策划、一起来推动，如果愿意听凭自己的兴趣潜心研究，根本不用理会那些考评规则。我庆幸我们所在的这所学校，使我能够不担风险地行使一点小小的特权，对绪林这样一个特殊人才予以特殊的对待。而他除了感谢，就是说自己"学问还不扎实",他愿意慢慢来。

后来华东师大推出了一个新的职称评定方式,称为"代表作制度",就是对于特殊人才,不要求发表论文的数量和课题成果,只要提交自己的代表作(著作或论文)参加评审,就可以申请晋升。我第一时间兴冲冲地带着这个消息去找绪林。在我看来,这个新规则就是为绪林这样的人度身定做的。我请他用《中国社会科学》上发表的那篇文章作为代表作提出申请,这是他晋升副教授的一个捷径。但绪林居然不知所措,沉默良久之后说,"其实后来我觉得那篇文章的结论过于草率了,也可能是错的"。我说我知道,"你可能 overclaim 对罗尔斯的批评,但用理性选择模式来作解读这个思路非常新颖。要点不在对错,而在于代表了你的学术水平"。他说,"可是,这篇文章不能代表我的水平啊"。我惊讶至无语。不是因为他的不通人情(对此我早就习以为常),而是绪林再次让我真切地感受到他的纯粹:对知识的诚实,对学术作为志业的神圣感。这在当今学界是如此罕见。

是的,绪林是现代学院中的一株"珍稀植物",珍贵而稀少,却在一个早春的寒夜骤然夭折,这让我们无比痛惜。这株植物又是孤独和忧郁的,格外需要温情与关爱。他缺乏朋友吗?与流传的说法相反,绪林身边一直有自己的朋友。他当然不是那种喜欢社交活动的人,尤其不善于泛泛之交。但他周围有自己愿意交流的朋友。最初几年与他交往更密切的是崇明和刘文瑾夫妇(目前他们在美国访学),绪林经常去他们家"蹭饭"。还有哲学系的葛四友，我们几个经常在一起打乒乓球，聚会。那时候没有微信，许纪霖老师发起了一个"政治哲学与思想史研讨"的邮件群，绪林在其中的发言很活跃。在政治学系，杨芳、萧延中和吴冠军老师，尤其是后来调入的邱立波等老师，都和绪林有比较密切的交往。林国华老师和绪林有更久的渊源，或许是最能和他深谈的人，但遗憾的是相逢的机会不多。请原谅我可能遗漏了许多应当在此提及的名字。所有与绪林专业上相关的学术活动，我都会邀请他参加，他也都无一例外地参与，而且会认真准备，做出有质量的发言。他在一个跨地域的政治哲学交流的微信群中发言也很踊跃，临别前两天还提出了关于桑德尔著作的一个问题。另外，他还有难以计数的学生朋友。

但是，总有一个问题在我心头挥之不去："朋友"意味着什么？对绪林究竟意味着什么？为什么通常所说的友谊最终不足以帮助绪林应对内心的绝望？此刻，这个未解之谜变得如此沉痛。

绪林最初给人的印象是谦逊、腼腆，少言寡语。但熟悉之后会发现，其实他非常生动，兴致来了可以很健谈，时而机智，时而倔强，有出其不意的幽默感。他也格外敏感，善于倾听和理解。但与此同时，在他身上总有一种局促不安、一种不自在的气质如影随形，时隐时现。即便在非常熟知之后仍然如此。绪林曾对我隐约谈及他的几次恋爱经历，有的长达半年之久，有的昙花一现。最后一位恋人是90后的女生，当时我真心为他高兴。但几个月前绪林告诉我,因为感到"无法给她一个好的未来",他提出了分手。许多女生可以远远欣赏他、钦慕他甚至崇拜他,但亲近之后却难以持久相处。我猜想,绪林的许多朋友在和他接近到一定程度后都会遇到一些困难,在通往更加亲密的交往中,变得举步维艰或不知所措。我的一位学生说:"我们大部分人的心灵都会有那么个庭院,愿意让朋友进来喝茶聊天,江老师也愿意。而人心深处的那个小木屋,大部分虽然上了锁,但也有解锁的钥匙,江老师的却有点像死锁,或者连环锁,难以打开。"我自己最终也未能进入绪林心灵深处的"小木屋"。大概是因为愚钝,我找不到钥匙,或者因为畏惧,我害怕冒犯,不敢破门而入。是的,绪林的确有自己的朋友,也有过心爱的恋人。但他始终没有获得那种深入而持久的亲密关系,那种能温暖地滋养他、陪伴他和支持他面对内心孤独和焦虑的友爱与恋情,那种温润而强健的感情依靠。

有一次问及他为何情绪又低落了,绪林说他只是"胡思乱想"而已,不愿深谈。临别时我对他说,"no matter what, I'll always be there for you"(我觉得有些话用英文听上去不那么"肉麻"),他很郑重地回应说"知道的"。自此之后,我以为我们之间有一个默契的约定:你守着自己的"小木屋"独自面对内心世界,但要是小木屋"失火了",你应当及时让我知道,而我可以闯入救急。我曾经确信,绪林不会不顾这个约定而贸然行事。以前有过几次,发现他流露出悲观低落的情绪,我就会适度干预,他并不反感,还会反过来宽慰我说"别担心,没事的",说自己"只是胡思乱想一下"就会过去的,诸如此类。而那几次情况都"转危为安"了。其他的朋友可能也有类似的经历。有时候在他微博中一些朋友善意的劝解留言,也会帮助他走出一时低落的情绪。所以事发的那天下午,虽然他一直不接电话,但几次回复了我的短信,我以为最后还是能化险为夷……可是我错了!当知道他如此决绝走上不归之路的时候,我无比震惊,一时间悲痛与失望交加:"绪林,我们不是说好的吗?你怎么就背弃了我们之间的约定啊?!"人的自我确信是多么不可靠,又是多么可鄙的自不量力。作为基督徒,绪林违背了他本该信守的宗教规条,他和我之间的默契约定又何足挂齿?

那么,绪林的孤独和焦虑究竟是什么呢?以至于他最终走得如此决绝?是"抑郁症"吗?绪林长达多年反复出现的情绪低落、失眠和轻生念头,似乎符合典型的临床症候。可是我一直在回避这个词。觉得这个词太轻巧了,太方便地打发了一切,它抹去了绪林复杂而又深不可测的心灵孤独,也免除了我们所有的负担和愧疚。但今天,我愿意重新看待这个问题。在和绪林的交谈中,只有一次,我小心翼翼地暗示他应该寻求专业心理医生的帮助。但这个令人不安的话题断断续续地难以持续,随后就转变为哲学化的谈论。心理咨询行业是现代性的发明,是将道德、价值和信仰的危机完全化约为技术性的心理问题,这是逃避和扭曲,而不是在真正面对深刻的人性问题。我和他都熟知这种观点,这背后有大思想家的背书,我们甚至都不用提海德格尔或者福柯的名字。那一次我迎合了绪林，错过了一次机会。因为我们都不愿意在海德格尔和福柯的基调之下讨论人生。但现在回想起来，这是何等的虚荣！如果那些永恒的哲学与宗教的大问题终究需要无尽的探索，而焦虑和孤独又危及着生命，为什么我们不能放下架子来寻求专业心理技术的帮助而要傲慢地鄙夷它？的确，心理治疗或许只能缓解而不能解决人生的终极问题，但至少可能给我们更多迂回周旋的时间，或者能改换一种心境，让我们能重新上路探寻那些永无解答的奥秘，包括加缪所谓的"唯一严肃的哲学问题"。

绪林的气质中惊人地缺乏周旋、妥协和迂回的现实主义态度。他渴望的理想之光如此夺目，以至于自己被屡屡灼伤。他为自己确立的标准，无论是道德的、学术的还是信仰的标准，都如此之高，而对自己的反省又太过真诚和深切，近乎苛刻。在这样的标准下，他时常感到自己（用他自己的话说）在道德上是"卑下的"，在学术上是"平庸的"，在信仰上也是"未曾虔信"。他从来没有真正接纳自己，接纳如其所是的自己。他的自我搏斗和挣扎惊心动魄，直至精疲力竭也未能与自己和解。最终，他将死亡视为"生命最后的庇护所"，选择以生命的决然中断来安顿自己。

今天来这里送别的有许多年轻的学生，其中有不少受到过绪林理想主义气质的感召。我想在此诚恳地忠告孩子们：理想主义是可贵的，但健全的现实感以及审慎、妥协甚至迂回的精神也同样是可贵的品质，也同样有古典思想的渊源。追寻理想的道路漫长，请珍惜自己的生命。我们走得慢，才能走得更远。但在另一面，对于精明于功利、甚至老谋深算的流俗风气，绪林的真诚与理想主义气质是一道格外刺目的警策光芒。同时，绪林的经历也启发我们，在一个有原子化个人倾向的社会中，尊重和包容是必要的，却仍然是不够的，友爱与团结也弥足珍贵。我们不仅需要专业同行的讨论群组，我们还应当寻求一种更为积极热忱的精神、智性和友爱的共同体。

因此，绪林留下的不只是忧伤的悲剧，或者说这悲剧本身蕴涵着丰厚的启迪，让人想起诗人海子的经历。绪林的命运是这个世俗时代的一个偏执却不容忽视的精神判词，也是横陈在求真向善的理想主义者面前的一个硕大问号。纪念他的不只有今天聚集在这里的人们。这些天还有人民大学和北京大学的学友，还有各处发起的追思会。而在短短几天之内，网络上纪念和思考的文章陆续不绝。这足以证明，对于我们（他的学生、同事、师长和朋友）而言，绪林的生命、他的书写和未竟的思考，是一份值得珍存和深思的丰富遗赠。绪林在早春离去，却留下整整一个秋天的果实，让我们在日后的岁月中品尝与回味，在缅怀与思考的心田里萌发新芽。对于绪林，这是一份迟来的亲密，或许他会嫌过于隆重了。绪林，愿你的在天之灵接受人们心中的善意与温情，愿你最终得以慰藉，并再次露出你那孩子般呆萌的微笑。绪林，愿你安息。

2016 年 2 月 23 日（24 日定稿）

图书在版编目（CIP）数据

生命的厚度/江绪林著. -- 上海：上海文艺出版社,2022（2023.5重印）
（艺文志文库）
ISBN 978-7-5321-7918-3

Ⅰ.①生… Ⅱ.①江… Ⅲ.①社会科学－文集 Ⅳ.①C53

中国版本图书馆CIP数据核字(2021)第028267号

发 行 人：毕　胜
责任编辑：肖海鸥
特约编辑：樊超群　王寅军
装帧设计：张　卉/ halo-pages.com

书　　名：生命的厚度
作　　者：江绪林
出　　版：上海世纪出版集团　上海文艺出版社
地　　址：上海市闵行区号景路159弄A座2楼 201101
发　　行：上海文艺出版社发行中心
　　　　　上海市闵行区号景路159弄A座2楼206室 201101 www.ewen.co
印　　刷：苏州市越洋印刷有限公司
开　　本：1240×890　1/32
印　　张：9.875
插　　页：16
字　　数：192,000
印　　次：2022年6月第1版　2023年5月第4次印刷
I S B N：978-7-5321-7918-3/B.0069
定　　价：72.00元
告 读 者：如发现本书有质量问题请与印刷厂质量科联系　T：0512-68180628